幻想中国丛书

全手绘

拾遗记

〔东晋〕

王嘉 撰

曹胜高 主编
周志颖 注译

TopBook
饕书客

陕西新华出版传媒集团
陕西人民出版社

图书在版编目（CIP）数据

全手绘《拾遗记》/ 周志颖注译. --西安：陕西人民出版社，2022.8

（幻想中国 / 曹胜高主编）

ISBN 978-7-224-14417-8

Ⅰ. ①全… Ⅱ. ①周… Ⅲ. ①笔记小说－小说集－中国－东晋时代 Ⅳ. ①I242.1

中国版本图书馆CIP数据核字(2022)第028312号

出品人： 赵小峰

饕书客

总策划： 刘景巍

出版统筹： 关　宁

策划编辑： 韩　琳

责任编辑： 王　倩

书籍设计： 忒色西安·朱天瑞

插　　画： 周　旭　/　忒色西安·李双辰

微信扫一扫
关注饕书客

饕书客

新浪微博 @ 饕书客topbook

全手绘《拾遗记》

作　　者 （东晋）王　嘉

注　　译 周志颖

出版发行 陕西新华出版传媒集团　陕西人民出版社

（西安市北大街147号　邮编：710003）

印　　刷 陕西金和印务有限公司

开　　本 787mm × 1092mm　1/16

印　　张 15

字　　数 278千字

版　　次 2022年8月　第1版

印　　次 2022年8月　第1次印刷

书　　号 ISBN 978-7-224-14417-8

定　　价 79.90元

如有印装质量问题，请与本社联系调换。电话：029-87205094

人类的发展由两个动力推动：一是面对现实生活的能力，通过改造自然、征服自然以及调整社会关系来实现自身的生存与发展；二是面对未来的能力，其中既包括在时间流程上对尚未到来时代的想象，也包括在空间方位对未知世界的理解。面对现实的能力让人类一步一个脚印地前行，而面向未来的能力则启发着人类的想象，让我们能够摆脱现实的拘束，去尽情地畅想遥远时空里的种种奇妙。

想象是人类发展的翅膀，没有想象，我们就缺少对未来的憧憬，也缺失了面对困境的信心。中华民族五千年历史中，并不缺少对未来进行想象的桃花源，更不缺失对未知世界的探索。在观看日落月出时形成的羲和、嫦娥的神话，在仰望星空时形成的四象二十八星宿的幻想，在远眺高山俯瞰江河时生发的山妖河怪的想象，追溯历史故事时联想到神仙神人的故事，都流淌着中华民族浪漫不羁的灵性与超凡脱俗的感知。

幻想，没有起点也不需要终点，可以凭空而来，也可以无根据而去，不能用常理去推测它们为何形成，因为到现在也搞不清为什么会有那样看似不靠谱，也不着调，更无法理喻的幻想。就像《博物志》《搜神记》《拾遗记》《神仙传》《异苑》中的远方与异物、诗情与画意、神奇与变化，为文学提供了浪漫恣肆的素材，为艺术滋养着无数的灵感，为精神寻找到一个徜徉的空间，成为中华民族超越现实、面向未知未来的精神生活方式。

科学技术的快速发展，使得我们更乐意去幻想更为遥远的时空里有着怎样的人和事，基于科技认知而形成的科幻文学，寄托着我们对未来的期待；基于神话传说而形成的玄幻文学，同样承载着我们对超现实能力的幻想；特别是在虚拟的游戏世界里，我们找到了复制远方异物、诗情画意、神奇变化的能力，使得中华民族曾经有过的幻想时空得以立体地呈现在可感知的空间里，成为我们释放想象、渴望穿越、寻求实现的一种途径。我们曾经有过的那些神话传说、地理图式、时空建构、神异变化，有着怎样的细节，有着如何的记录，有着何等的神奇，有着多少的玄幻，让我们一同打开“幻想中国丛书”，进入一个个既有玄幻，又有科幻，还有神异的幻想世界，脑补一下什么是想象的疯狂和穿越的快感。

曹胜高

2022 年 4 月 15 日

谈到志怪小说，我们首先想到的大多是《搜神记》。但是同样是志怪小说，有一本书的位置就比较尴尬。一方面，它是一部不受重视的志怪小说；另一方面，典籍中关于它的记载少之又少。

那么，这本书是什么呢？

《拾遗记》。

别说熟悉了，恐怕很多人连听都没有听说过。

《拾遗记》是中国古代志怪小说的代表之作，它虽不如《山海经》《搜神记》那般受世人追捧，但在志怪小说史上仍占有一席之地。其间所载各朝各代的古史异事、珍禽异兽，让人瞠目结舌，无法想象其出自古人之手。

那么，《拾遗记》究竟是如何诞生的呢？

我国的魏晋时期，社会极为动荡，人的生活极为艰难，朝不保夕。在这种情况下，厌世避世思想弥漫人间，大家要么去修仙，要么沉醉酒乡，反正就是不想面对现实。人们沉迷于对神仙灵异之事的幻想而无法自拔，杂史的创作又风靡一时，《拾遗记》便是在这样的背景下诞生的。

《拾遗记》为东晋王嘉所作。王嘉，字子年，陇西安阳（今甘肃渭源）人。因此，《拾遗记》又名《王子年拾遗记》。现今十卷本的《拾遗记》是由南朝萧绮整理而成的。小说前九卷叙述自庖牺、炎帝、黄帝到东晋时事，最后一卷讲述昆仑、蓬莱等八座仙山，内容尤为博杂奇特，既有怪诞古史传说，又有神仙方士异闻。

《拾遗记》中的很多故事源于民间野史传说，是正史所不载的。王嘉实际上进行文学再创作而形成了另类新奇的故事。

王嘉的加工成果如何呢？我们看看《拾遗记》的内容便知。

一、助我修仙的奇珍异兽

《拾遗记》中记载了众多奇珍异兽，很大一部分都是可以使人长生得道的。

比如，炎帝时有“霞浆”，服之可得道，后天而死；穷桑之地有孤桑树，一万年才结一个果子，吃了就能长生；又有续脉明丸，食之可以后天而死，把它抹在脚底，可以瞬间飞跃万里；汉武帝时，祈沦国有一片寿林，长久在树下休息，人便可以不死不病，若将其叶佩戴身上，可以终身不老；汉宣帝时，背明国进贡一种名为“融泽”的粮食，吃了可以后天而死；蓬莱山上有冰水、沸水，喝了可以寿长千岁；岱舆山有遥香草，多吃可以延年益寿。

除此之外，还有止人饥饿的紫苔、紫菊、芸薇等。既然有这么多东西可以让人长生不死，古人就想：那我们还劳动什么呢？一起去修仙儿呗！

与修仙相配，珍禽异兽当然也是必不可少的。

在唐尧时期，秪支国进献了一只双睛鸟。别看它小小一只，却能与虎狼抗衡。在后世，它还承担了祛灾之职，将其像贴于门前，魑魅魍魉都不敢靠近。魏明帝时，昆明国进献嗽金鸟，光听名字就很贵气。这种鸟整日吃的是什么呢？珍珠和龟脑。它吐的是什么呢？如粮食大小的金屑，用金屑就可以造金杯、金碗等器具。传说曹洪有一匹“白鹄”马，骑乘可以瞬间行至百里，过河时马足不会沾湿，如同轻功水上漂。昆吾山上生活着一种神兽，长得跟兔子一样。既然是神兽，自然与凡间禽兽不同。它神在哪儿呢？它可以生吞铜铁！肾脏也如钢铁一般坚硬，攻击力必定爆表。瀛洲又有藏珠鸟，每次张嘴鸣叫都会吐出珍珠。

二、跨越时空的妙思神物

修仙得道、长生不老的愿望达成了，大家还要追求更精致的生活，生活要有质量、有情趣。虽然有时过得不好，但是想得美呀！事实证明，人类的想象力是没有上限的，可以跨越时空的局限，古人幻想的很多东西都可以看作当代事物的原型。

比如，颛顼帝有一把曳影剑，此剑可以自己出鞘，遇到敌军能直指敌方而去。这不就是现在的导弹吗？连目标、方位都不用设置。大禹治水时，穿凿之处都会覆上一层青泥，然后让玄龟在上面盖印。早期的印章就问世了。再看周灵王时，有一邦国进献“玉人”。仔细揣摩《拾遗记》的描述，这个“玉人”就是机器人的雏形。首先，它由机械驱动；其次，它可以自由转动。秦始皇在位时，有宛渠国人乘“螺舟”而来。这个“螺舟”的形状如海螺一般，可以自由沉入水底，也叫“沦波舟”，像不像今天的潜水艇？而且，宛渠国的一天相当于世间的一万年，比天界还厉害。

在古人的想象世界中，不止有导弹、印章、潜水艇。还有口香糖，相传吃了它，可以口气常香；有除疤膏，将白獭的骨髓磨成粉，涂在伤口上，可以消除疤痕。吴国盛产香水、香料，有“百濯香”，香味一旦沾到衣服上可以经年不散，历年弥盛，洗都洗不掉；燕昭王时有八音盒，沐胥国有一个道人，指间可以生化十层宝塔，宝塔四周有各类神仙绕塔而行，边跳边唱，宛若真人。

三、让人膜拜的能人异士

《拾遗记》所载身怀绝技之人，在正史中也多有记载。王嘉由点到线，由线到面，经过漫天想象，丰富并深化了历史人物，让后人看到了历史人物不为人知的一面。

如周灵王时的师旷琴艺精湛，这是众所周知的。《拾遗记》在叙述晋平公让师旷弹奏清角之音一事时，大加渲染。师旷一奏四方云起，再奏风雨随至，如同风伯雨师。又有汉献帝那极为贤德的伏皇后，在董卓部下攻打之时，伏皇后保护献帝出逃。这里，王嘉是如何加工的呢？过河时，伏皇后背着献帝，突然感觉脚下十分轻盈，宛若神助；而伏皇后在献帝胸前哭泣时，衣裳被泪水沾湿，却瞬间洁净如新，实在是匪夷所思。

此外，还有能举千斤钟疾走的任城王曹彰，能够编织初代蚊帐的赵夫人，被称为“学海”和“舌耕”的何休与贾逵。

境外的神秘小国也是《拾遗记》讲述的重点。这些国家的子民或长生不老，或身怀绝技，身高都是以丈为基数的。在我们看来，这是无稽之谈，但古人往往信以为真。

颛顼帝时期，溟海之北有一个勃鞮国，那里的国人衣服都是羽毛制成的，这让他们不仅可以随时上天逛逛，而且可以活到千岁。丹丘国人听到马的嘶鸣声就可以知道马脑的颜色，从而判断出马的优劣。怎么判断呢？如果马脑是血色的，可以日行万里，腾空而飞；如果马脑是黄色的，可以日行千里；如果马脑是黑色的，可以日行百里，比伯乐厉害多了。燃丘国就更神了，其国民可以一直保持年少的容貌。有一次，燃丘国有人从本国出发前往京师，等到达的时候个个头发花白。但是一回到本国，立刻又恢复了年轻的容颜。

如此玄幻神秘的传说故事，怎能不让人对神仙之事心生向往？这也难怪从古至今有那么多人想尽办法也要得道成仙，书中仙人的生活简直不能更美好了。

虽说“子不语怪、力、乱、神”，但在古人的认知中，神仙鬼怪是存在的。志怪小说正是基于这一认识发展起来的。王嘉有意追求奇异性、怪诞性的叙事，以求建构出奇的故事，因此我们才能从《拾遗记》这部志怪小说中窥得古人的神思。

今人齐治平编有《拾遗记校注》，对原本加以订讹补缺，以实事求是的态度进行整理、校勘与注释工作。此书是当代学者研究《拾遗记》与王嘉的重要参考书目。本书以前者为底本，结合新时代的文化潮流，融入新元素，推陈出新，以有趣的注解方式，带给读者全新的体验。

目录

卷壹

春皇庖牺

春皇者，庖牺之别号。所都之国，有华胥之洲。神母游其上，有青虹绕神母，久而方灭，即觉有娠，历十二年而生庖牺。长头修目，龟齿龙唇，眉有白毫，须垂委地。或人曰：岁星[1]十二年一周天，今叶[2]以天时。且闻圣人生皆有祥瑞。昔者人皇蛇身九首，肇自开辟。于时日月重轮，山明海静。自尔以来，为陵成谷[3]，世历推移，难可计算。比于圣德，有逾前皇。礼义文物，于兹始作。去巢穴之居，变茹腥之食，立礼教以导文，造干戈以饰武，丝桑为瑟，均土为埙[4]，礼乐于是兴矣。调和八风[5]，以画八卦，分六位[6]以正六宗。于时未有书契，规天为图，矩地取法，视五星之文，分晷景[7]之度，使鬼神以致群祠，审地势以定川岳，始嫁娶以修人道。庖者包也，言包含万象；以牺牲登荐[8]于百神，民服其圣，故曰庖牺，亦谓伏羲。变混沌之质，文宓其教，故曰宓牺。布至德于天下，元元之类[9]，莫不尊焉。以木德称王，故曰春皇。[10]其明睿照于八区，是谓太昊。昊者明也。位居东方，以含养蠢化，叶于木德，其音附角，号曰“木皇”。

‖注释‖ 1岁星：木星，古代天文学家通过观察木星的运行轨迹来纪年。 2叶

（xié）：同“协”，相合的意思。叶以天时，即顺应天时。 3 为陵成谷：高岸为谷，深谷为陵，比喻世事变迁。 4 埙（xūn）：古时用陶土烧制的一种乐器。《说文解字》：“埙，乐器也。以土为之，六孔。” 5 八风：一说为八卦之风，《淮南子》高诱注：“八风，八卦之风声也。”一说为八方之风，《说文解字》：“东方曰明庶风，东南曰清明风，南方曰景风，西南曰凉风，西方曰阊阖风，西北曰不周风，北方曰广莫风，东北曰融风。” 6 六位：指《易》卦的六爻，自下而上排列，分别为初爻、二爻、三爻、四爻、五爻和上爻。六爻又有阴阳之分，阴爻用“--”表示，阳爻用“—”表示。 7 晷景：类似于晷表、日晷仪等测量时间的仪器。 8 登荐：进献。如“登荐惟肃”“登荐惟恭”，强调的就是祭祀献祭时的庄严肃穆。 9 元元之类：高诱：“元，善也，民之类善故称元。”民心向善，故有元元之称。元元之类，即指平民百姓。 10 春皇：庖牺（伏羲）的别号。汉代邹衍等人，以五行的相生相克来对应王朝的兴衰更替，后有阴阳家将五帝配以五行。如：东方为木，帝为太昊，也就是伏羲；南方为火，帝为炎帝神农氏；西方为金，帝为少昊；北方为水，帝为颛顼；中央为土，黄帝居中。

<解说> 伏羲，也叫庖牺。包含万象，以牺牲祭祀百神，便是庖牺之解。伏羲既然是中华民族的人文始祖，他的一切自然是不凡的。

首先，关于伏羲的出生。《帝王世纪》：“太皞帝庖牺氏，风姓也。母曰华胥。燧人之世，有大人之迹出于雷泽之中，华胥履之，生庖牺于成纪。”燧人氏之时，还是母系氏族社会，华胥作为华胥部落的首领，平时特别喜欢在雷泽玩。何为雷泽？《山海经·海内东经》：“雷泽中有雷神，龙身而人头，鼓其腹。”雷泽之中，有龙身人头的雷神，其实就是一片大泽。华胥在雷泽看到了一个大大的脚印，心生好奇，就在上面踩踩跳跳，谁知道不久后竟然怀孕了，生下的孩子就是伏羲。

先秦文献中的记载都是很简单的，一句带过。到了志怪小说盛行的魏晋，故事的信息量就更大了。伏羲依然是华胥女子所生，但却是青虹绕其身而有孕，过了十二年伏羲才出生。虹，是光线以一定角度照在水滴上所发生的折射现象，但在古代是有特定意义的，一些天文现象往往与人事相联系。《尔雅》：“虹双出，色鲜盛者为雄，雄曰虹。暗者为雌，雌曰霓。”虹分为雌雄，是依据颜色来区分的，古人多用虹来比喻女子。

其次，神人跟凡夫俗子长得完全不一样。书中是如何描述的呢？

只见伏羲瘦长的瓜子脸上长着修长的眉目，眉间有白色毫毛，生为佛家所谓的白毫相。龟齿龙唇，长须垂地，现在看来俨然是个怪物，但这种长相在古代可是祥瑞的象征。正因为三皇五帝长得都不是我等凡人之相，才能显现出他们的奇特。

再细数数伏羲的功绩。据《左传》记载：话说伏羲当了部落首领后，先以龙为百官命名，所以“龙师火帝”的“龙师”代指的就是伏羲。

伏羲之初，大家过着茹毛饮血的生活。有一天，伏羲实在不想再委屈大家天天吃生肉，立志要带领大家向新生活迈进。吃好住好，拒绝生肉，拒绝野营；穿好用好，多做手工，没事制作几件兵器、乐器玩玩；讲文明、懂礼貌，做事都要有规矩，婚丧嫁娶都要讲究一定的礼仪。此外，还有最最重要的事情——祭祀，要修建祠堂，祭祀山川神灵，以得神佑。后人之所以懂得穿衣吃饭、婚丧嫁娶以及各种礼仪文化，这一切都应归功于伏羲。

人间帝王逝世后，会托身于五方之神，供后世祭祀。伏羲就被安置在了东方，成为太皞。《淮南子·天文训》中明确记载：东方太皞，南方炎帝，中央黄帝，西方少昊，北方颛顼。五方有五神相对应。而在五行之中，东方属木，所以伏羲也称为春皇、木皇。据说，今河南省淮阳县的太昊陵就是伏羲的陵墓。

至于王嘉说伏羲“以木德称王”，这其实跟阴阳家有很大的关系。汉代，在邹衍的引领下，阴阳家独创了一套五德终始说，以五行配五帝，以五为一个轮回。简单来讲，就是把每个朝代和五行相对应起来，让其站在该站的位置上。王嘉在《拾遗记》卷一中，遵循的就是邹衍的五德终始说，将三皇五帝与五行相配，以此顺序进行自己的小说创作。

炎黄神农

炎帝始教民耒耜，躬勤畎亩之事，百谷滋阜。圣德所感，无不着焉。神芝发其异色，灵苗擢其嘉颖，陆地丹蕖，骈生[1]如盖，香露滴沥，下流成池，因为豢龙[2]之圃。朱草蔓衍于街衢[3]，卿云蔚蔼于丛薄[4]，筑圆丘以祀朝日，饰瑶阶以揖夜光[5]。奏九天之和乐，百兽率舞，八音克谐，木石润泽，时有流云洒液，是谓“霞浆”，服之得道，后天而老。有石璘之玉，号曰“夜明”，以暗投水，浮而不灭。当斯之时，渐革庖牺之朴，辨文物之用。时有丹雀衔九穗禾，其坠地者，帝乃拾之，以植于田，食者老而不死。采峻缓之铜以为器。峻缓，山名也。下有金井，白气冠其上。人升于其间，雷霆之声，在于地下。井中之金柔弱，可以缄縢[6]也。

‖注释‖ 1骈生：并列而生，类似于并蒂莲。 2豢龙：蓄养龙类。古有豢龙氏和御龙氏，专门从事养龙的工作。 3街衢（qú）：四通八达的道路。《说文解字》：“衢，四达谓之衢。” 4丛薄：聚木曰丛，深草曰薄，指草木茂密的丛林。 5夜光：月亮。《楚辞·天问》：“夜光何德，死则又育。” 6缄縢（jiān téng）：封固、束缚。《后汉书·酷吏传》：“诸奢饰之物，皆各缄縢，不敢陈设。”

<解说> 炎帝以火德称王。

关于炎帝的出身，《国语·晋语》中最早有记载：“昔少典娶于有蟜氏，生黄帝、炎帝。黄帝以姬水成，炎帝以姜水成。”炎帝的父亲少典，娶了有蟜氏之女，其实就是两个部落联姻。《帝王世纪》中称该女子为少登，生下了炎帝。后来，炎帝住在了姜水（陕西宝鸡）边上，便以姜为姓，称神农氏。

炎帝是上古时期靠农业发家致富的第一人。《周易·系辞》：“神农氏作，斫木为耜，揉木为耒，耒耜之利，以教天下。”今人熟知的农具耒耜就是炎帝发明的。耒耜是先秦时期主要的农耕器具，升级版就是后世的犁。而且，炎帝把捡漏得到的具备长生功效的九穗禾播种到了中华大地上，造福百姓。

荷花作为水生植物，必须择水而生，但是炎帝时期，出现了“陆地丹蕖”的异象，这在古人看来是祥瑞之兆，称为“物类相感”。丹蕖本就是荷花中的高级品种，再加上一朝长在了陆地上，成功载入史册。

丹蕖上的露珠凝聚成河，化为豢龙之圃。

豢龙，就是养龙，中国的豢龙可以说是历史悠久。《左传·昭公二十九年》：“昔叔安，有裔子曰董父，实甚好龙，能求其耆欲以饮食之，龙多归之，乃扰畜龙，以事帝舜，帝赐之姓曰董，氏曰豢龙。”舜的手下有董父为豢龙氏；夏朝第十四代掌权者孔甲，他的手下刘累为御龙氏。豢龙氏和御龙氏都是正经官职，终生只需要把一件事做好，就是养龙。偏偏有人连一件事都干不好，谁呢？刘累。他把龙养死了，坐在龙圈里，看着龙的尸体，心里琢磨：万一上面知道了，我可就死定了，必须想想办法，嗯……有了！刘累想到了一个绝招——烹饪。原计划是这样的：把龙做成菜——孔甲一吃——孔甲开心——赦免死罪。具体实施过程中，孔甲这边出了问题，“我还要吃！”龙肉就那么多，吃着吃着肯定就没了。刘累看着这情况有变，不跑不行啊。“惧而迁于鲁县”，干脆隐姓埋名，躲到了河南，在鲁山一带隐居了。

古代就业压力没有现在这么大，对于不热衷名利的人来说，修仙是一辈子的事，没事就捣鼓捣鼓仙丹，吃吃硫黄丹砂，秉承“只要吃不死，就往死里吃”的理念，炼丹业在魏晋时期尤为火热。相传炼出了一种仙露，叫流霞。王充《论衡·道虚》：“仙人辄饮我以流霞一杯。每饮一杯，数月不饥。”喝了流霞可以数月不饥。但跟炎帝时期的霞浆相比，不论是等级还是性能都稍次一点。因为霞浆只需喝上一口，人便能得道升天。

除此之外，炎帝还开办了中国峻锾山矿业公司，招揽一批黄金矿工在山里挖金矿。后来，道教发现了拥有传奇人生的炎帝，敬仰不已，便自行将炎帝编入道教组织中，演化为五谷神农大帝。

轩辕黄帝

轩辕出自有熊之国。母曰昊枢，以戊巳之日[1]生，故以土德称王也。时有黄星[2]之祥。考定历纪，始造书契。服冕垂衣，故有衮龙[3]之颂。变乘桴以造舟楫，水物为之祥踊，沧海为之恬波。泛河沉璧，有泽马群鸣，山车满野。吹玉律[4]，正璇衡[5]。置四史以主图籍，使九行之士以统万国。九行者，孝、慈、文、信、言、忠、恭、勇、义。以观天地，以祠万灵，亦为九德之臣。熏风[6]至，真人集，乃厌世于昆台[7]之上，留其冠、剑、佩、舄[8]焉。昆台者，鼎湖之极峻处也，立馆于其下。帝乘云龙而游，殊乡绝域，至今望而祭焉。帝以神金铸器，皆铭题。及升遐[9]后，群臣观其铭，皆上古之字，多磨灭缺落。凡所造建，咸刊记其年时，辞迹皆质。诏使百辟群臣受德教者，先列珪[10]玉于兰蒲席上，燃沉榆之香，舂杂宝为屑，以沉榆之胶和之为泥，以涂地，分别尊卑华戎之位也。（事出《封禅记》。）帝使风后负书，常伯荷剑，旦游洹流，夕归阴浦，行万里而一息。洹流如沙尘，足践则陷，其深难测。大风吹沙如雾，中多神龙鱼鳖，皆能飞翔。有石蕖青色，坚而甚轻，从风靡靡，覆其波上，一茎百叶，千年一花。其地一名

“沙澜”，言沙涌起而成波澜也。仙人宁封食飞鱼而死，二百年更生，故宁先生游沙海七言颂云：“青蕖灼烁千载舒，百龄暂死饵飞鱼。”则此花此鱼也。

‖注释‖ 1戊巳之日：此为古时的干支纪年法。十天干——甲、乙、丙、丁、戊、己、庚、辛、壬、癸，与十二地支——子、丑、寅、卯、辰、巳、午、未、申、酉、戌、亥相配，以此来计算年岁。 2黄星：又称景星。《史记·天官书》：“景星者，德星也。”为祥瑞的象征，如“景星庆云”“景星凤皇”。 3衮龙：古时天子的礼服上绣有龙图，称为衮龙袍。《说文解字》：“衮，天子享先王。”许慎认为衮龙袍专用于天子祭祀先王的场合。 4玉律：古时玉制的校正音律的器具。 5璇衡：璇玑与玉衡，古代的天文测量仪器。 6熏风：东南的和煦之风。《吕氏春秋·有始览》：“东南曰熏风。”《孔子家语》：“南风之熏兮。” 7昆台：神仙居住之地。汉代设有昆台之官，主管甘泉宫的事务。 8舄（xì）：厚的木底鞋，可以避泥水。《古今注》：“以木置履下，干腊不畏泥湿也。” 9升遐：一般指帝王去世，这里指的是黄帝飞升成仙。 10珪：古代玉器。整体呈长方形，顶端是三角尖形，底部是正方形，为古时朝聘、祭祀与丧葬之物。

<解说> 黄帝以土德称王。

黄帝姓公孙，来自有熊国。《史记·五帝本纪》：“黄帝居轩辕之丘。”皇甫谧《集解》说：“受国于有熊，居轩辕之丘，故因以为名，又以为号。”黄帝称“轩辕”，是因其居住在轩辕之丘。

今人肉眼所见的星星，经过大气的折射作用，多为银白色。而黄帝出生那一天，相传天上有三颗星变成了黄色，天下视之为吉象。

黄帝从小就立志要成为做大事的人。当上部落首领后，除了东征西战，收拾蚩尤这些乱党，黄帝整天都忙于考定历法、测量天文、校正音律。其间，产生了中国第一件高档调音器——玉律。

玉律是玉制的校正音律的器具。《吕氏春秋·古乐篇》记载：“昔黄帝令伶伦作为律。伶伦自夏之西，乃之阮隃之阴，取竹于嶰溪之谷，以生空窍厚均者，断两节间，其长三寸九分，而吹之。”伶伦接受黄帝派遣的任务，截竹为筒，根据不同长度的筒发出的声音，确立音律的准则。律分为阴阳十二律，与十二个月相配，用此来观测气候天象。

此外，浑天仪的初代产品——璇玑、玉衡也得以问世，在当时用来测量天体。

黄帝除了自己勤于政事，对手下的工作抓得也特别紧。黄帝想：我整天忙来忙去，你们也别想偷懒。于是，他一边让仓颉去解决文字问题，一边让羲和和常仪去占卜日月，又派伶伦占卜星象，派隶首去算数。其中，仓颉表现尤为突出，他所造之字流传千年。多亏了仓颉，文化才得以传承。

解决了文字难题，黄帝随之设置四史去管理国家文化教育工作，从全国海选"德智体美劳"全面发展的人才来协助他治理国家。在君臣多年的共同努力下，国家一派繁荣。

这时候，黄帝开始秘密谋划一件大事。

人一无聊，就容易胡思乱想。就算是黄帝，也厌倦了高高在上的富贵生活，想着飞升成仙，而且他有自己的策略。起初，黄帝在荆山下采铜铸鼎，后世将此处称为鼎湖。随后，黄帝选了一个风和日丽的吉日，便在鼎湖之地的最高最险处——昆台飞升了。黄帝神游去了以后，百官发现之前铸的鼎变得破旧不堪，上面的铭文根本看不懂，就跟现在平凡的我们看先秦的出土文物一样。

而早期西汉的《列仙传》，记载的则是完全不一样的版本。《列仙传》中，黄帝没有想过要成仙，而是自己选择死亡，那年头，首领也难当。黄帝死后，群臣把他葬在了桥山。诡异的是，突然有一天山塌了！棺材里只剩下黄帝的佩剑、鞋子，尸体凭空消失了。王嘉也许是依照这一点，把黄帝自杀的故事改写成了飞升成仙之事。

成了仙人的黄帝有了两个新手下：书童风后，专门背书；保镖常伯，专门拿剑。神游三人组早上去洹流逛逛，下午去阴浦瞅瞅，过得优哉游哉。

洹流是一片流沙地，神龙、飞鱼、老鳖什么的都在流沙里乱窜乱飞。洹流深处还有一条青渠，里面生长着一种百叶花，一千年开一次花。这种花的超高实用价值，可以通过宁封子的人生体验来得到证实。

相传，黄帝时期的陶正官宁封子跟仙人修习了仙术，"为其掌火，能令火出五色烟"，能够掌心生火。一天，宁封子不小心吃了洹流里的飞鱼，不幸仙逝了。两百年后，有人在路上看到了他，询问之后才知道是吃了青渠里的百叶花重生的。所以，说明了什么问题呢？百叶花有起死回生的功效。不过，最初在《列仙传》里，宁封子"积火自烧，而随烟气上下。视其灰烬，犹有其骨"，是引火自焚的，并没有重生一说。

少昊

少昊以金德王。母曰皇娥，处璇宫而夜织，或乘桴木而昼游，经历穷桑沧茫之浦。时有神童，容貌绝俗，称为白帝之子，即太白之精，降乎水际，与皇娥宴戏，奏（嫂）娟[1]之乐，游漾忘归。穷桑者，西海之滨，有孤桑之树，直上千寻[2]，叶红椹紫，万岁一实，食之后天而老。帝子与皇娥泛于海上，以桂枝为表，结熏茅为旌，刻玉为鸠，置于表端，言鸠知四时之候，故《春秋传》曰“司至”，是也。今之相风[3]，此之遗象也。帝子与皇娥并坐，抚桐峰梓瑟。皇娥倚瑟而清歌曰：“天清地旷浩茫茫，万象回薄化无方。涵天荡荡望沧沧，乘桴轻漾着日傍。当其何所至穷桑，心知和乐悦未央。”俗谓游乐之处为桑中也。《诗》中《卫风》云：“期我乎桑中。”盖类此也。白帝子答歌：“四维八埏[4]眇难极，驱光逐影穷水域。璇宫夜静当轩织。桐峰文梓千寻直，伐梓作器成琴瑟。清歌流畅乐难极，沧湄海浦来栖息。”及皇娥生少昊，号曰穷桑氏，亦曰桑丘氏。至六国时，桑丘子著阴阳书，即其余裔也。少昊以主西方，一号金天氏，亦曰金穷氏。时有五凤，随方之色，集于帝庭，因曰凤鸟氏。金鸣于山，银涌于地，或如龟蛇之类，乍似人鬼之形，有水屈曲亦如龙凤之状，有山盘纡[5]亦如屈龙之势，故有龙山、龟山、凤水之目也。亦因以为姓，末代为龙丘氏，出班固《艺文志》；蛇丘氏，出《西王母神异传》。

‖注释‖ 1(娅)娟：形容音乐的婉转悠扬。 2寻：古代的长度单位，约八尺为一寻。 3相风：观测风向的仪器，一般为木制或铜制。晋朝潘岳有《相风赋》："立成器以相风，栖灵乌于帝庭。" 4四维八埏（shān）：四维，指东、西、南、北。八埏，颜师古注《汉书·司马相如传》："埏，地之八际也。"指代八方。 5纡（yū）：弯绕、弯曲，此处形容山路蜿蜒曲折。

<解说> 少昊以金德称王。

《世本》："少皞是黄帝之子，金天氏少皞，青阳即少皋，黄帝之子，代黄帝而有天下。"包括《史记》在内的正史系统中，少昊是黄帝之子，姬姓，名玄嚣，母亲为嫘祖。《初学记》卷二十七引《拾遗记》："黄帝之子名青阳，是曰少昊，一名挚，有白云之瑞，号为白帝。有凤衔明珠致于庭，少昊乃拾珠怀之，使照服于天下。"应当是《拾遗记》此篇的佚文。王嘉《拾遗记》中，改动较大的，是少昊母亲的身份，其由人间的嫘祖变为天上的织女皇娥，可能是因为嫘祖养蚕缫丝的事迹在史书与民间的不断传播，从而导致其形象神化。

皇娥本来在天上负责织布的工作，奈何太无聊了，就下到穷桑之地的水滨游玩。就是在穷桑这个地方，皇娥偶遇了白帝子。二人在穷桑之滨，泛舟江上，琴瑟和鸣，唱着《诗经·鄘风》中的民歌。这段偶遇给皇娥留下了终生难忘的记忆。

少昊出生后，以穷桑之地为氏，叫穷桑氏，也叫桑丘氏。少昊担任部落首领期间，有五只凤凰落在了自家的庭院中，少昊觉得此为祥瑞之兆，就以凤鸟为氏，更是引起了整个部族人民对鸟的推崇与热衷，引领了一个时代潮流。那个时代，国家富得流油，山中尽是黄金，地下全是白银。这不是重点，关键是它们可以自己变幻成各种样子。国中还有龙凤状的河水和高山。据《汉书·艺文志》和《神异传》记载：后世之人懒得费脑子起名，就以神异的山川湖泊为氏，像龙丘氏、蛇丘氏就是这么来的。

孤桑，就是一棵孤独的桑树，生长在穷桑之地，能够让人长生、不死。关于孤桑，只有《拾遗记》中有记载：其高千尺（现在的一米相当于三尺），差不多有三百多米高，一万年结一次果。空桑之地，一般的草木是活不下去的。《山海经》中最早记载：“空桑之山，无草木，冬夏有雪。”这里的空桑为山名，也不是一般人能住的地方。《吕氏春秋》同样载有空桑，但所指是不一样的。《吕氏春秋·本味》：“女子采桑得婴儿于空桑，献之其君，其君令烰人养之。”这个空桑，指的是中空的桑树，所以婴儿才能藏于其中。至于这个小宝宝，长大后就是商朝的名相——伊尹。

颛顼

帝颛顼高阳氏，黄帝孙，昌意之子。昌意出河滨，遇黑龙负玄玉图。时有一老叟谓昌意云："生子必叶水德而王。"至十年，颛顼生，手有文如龙，亦有玉图之象。其夜昌意仰视天，北辰[1]下，化为老叟。及颛顼居位，奇祥众祉[2]，莫不总集；不禀正朔[3]者越山航海而皆至也。帝乃揖四方之灵，群后执珪以礼，百辟[4]各有班序。受文德者，锡以钟磬；受武德者，锡以干戈。有浮金之钟，沉明之磬，以羽毛拂之，则声振百里。石浮于水上，如萍藻之轻，取以为磬，不加磨琢。及朝万国之时，乃奏含英之乐，其音清密，落云间之羽，鲸鲵游涌，海水恬波。有曳影之剑，腾空而舒，若四方有兵，此剑则飞起指其方，则克伐；未用之时，常于匣里，如龙虎之吟。

溟海之北，有勃鞮之国。人皆衣羽毛，无翼而飞，日中无影，寿千岁。食以黑河水藻，饮以阴山桂脂。凭风而翔，乘波而至。中国气暄[5]，羽毛之衣，稍稍自落。帝乃更以文豹为饰。献黑玉之环，色如淳漆。贡玄驹千匹。帝以驾铁轮，骋劳殊乡绝域。其人依风泛黑河以旋其国也。

闇河之北，有紫桂成林，其实如枣，群仙饵焉。韩终采药四言诗曰：“闇河之桂，实大如枣。得而食之，后天而老。”

‖注释‖ 1北辰：《尔雅·释天》，“北极谓之北辰。”一般特指北极星。 2祉（zhǐ）：福祉。 3正朔：朔，农历每月的第一天。正朔为正月的第一天，也指帝王颁布的新历法。 4百辟：百官或诸侯。三国时，曹操下令锻造一种兵器，取名为百辟，以除不祥。 5气暄：暄，温暖。气暄也就是说中原之地气候暖和，导致勃鞮国人所穿的羽衣脱落。

<解说> 颛顼以水德称王。

《离骚》：“帝高阳之苗裔兮”，其中的高阳氏说的就是楚国的先祖——颛顼。颛顼是黄帝之孙，昌意之子，按照史书所记，他是少昊的侄子。

在颛顼还没有出生的时候，昌意偶然看到了一幅图，名为“黑龙负玄玉”。北极星化身为一位老者，对昌意预言说：“将来你的儿子一定是以水德称王的。”没想到，这个孩子一等就是十年。十年后，颛顼出生，手心里天生有龙玉图纹，和昌意早年看到的画一模一样。当然，这完全是后人的想象创作，婴儿的手小小一只，龙玉图纹这么复杂的图怎么可能画得下。颛顼成年后也高居帝位，应了老者当年的话。

颛顼当上首领后，第一件事就是带领群后、百官祭祀四方神灵。这里的“后”，并不是后世的皇后，而是上古时期部落首领的称谓。《尔雅》：“后者，君也。”后作为专用字，其繁体书写仍是“后”，与后来之皇后的繁体“後”不同。以后羿为例，指的是一位叫羿的年轻人，并且是部落的首领。

第二件事，大赏天下。颛顼把钟磬赐给有文德的人，把干戈赐给有武德的人，把百官都安置好，鼓励大家共同建设美好强大的国家。万国来朝时，举办国家级音乐盛典，音声清丽婉转，余音绕梁。

其中，有一个勃鞮国很有意思。这个国家的人能活到千岁，虽然没有雷震子那样的翅膀，但是想上天的话，穿上自制的羽衣就可以，而且在天上飞没有规定航线，风吹到哪儿，他们就飘到哪儿。勃鞮国的一切都很奇特，比如其国民吃的是黑河里的水藻，喝的是阴山上的桂脂，与中原地区的饮食习惯全然不同。好在他们也知道自己作为小国是要进贡的，像黑玉、良驹等好东西，通通赶紧献给颛顼，希望他能够继续罩着自己。

颛顼时代，有一把曳影剑，按照书中描述，它相当于我国最早的导弹，但似乎比导弹还厉害。曳影剑根本不用人工操控，是个有意识的个体，如果四方有敌兵，曳影剑会直指敌兵，将其射杀；如若平时放置在剑匣中，也会听到虎啸龙吟之声，可见它时刻提防着四周。

韩终，秦始皇时期的方士。《史记·秦始皇本纪》：“因使韩终、侯公、石生求仙人不死之药。”其与《拾遗记》所记载的时代相差极远，应当不是此人。洪兴祖在注《楚辞·远游》时，引《神仙传》：“齐人韩终，为王采药，王不肯服，终自服之，遂得仙也。”这样一看，《拾遗记》里的韩终当为传说中的仙人之一。据说韩终云游采药时，路经闇河北面，发现了有一片紫桂林，上面的果子像枣一样，众位仙家都喜欢吃。韩终不仅是个吃货，还是一个感性的人，专门为此作了一首通俗易懂的四言诗：“闇河之桂，实大如枣。得而食之，后天而老。”

高辛

帝喾之妃，邹屠氏之女也。轩辕去蚩尤之凶，迁其民善者于邹屠之地，迁恶者于有北之乡。其先以地命族，后分为邹氏、屠氏。女行不践地，常履风云，游于伊、洛[1]。帝乃期焉，纳以为妃。妃常梦吞日，则生一子，凡经八梦，则生八子。世谓为“八神”，亦谓“八翌”，翌，明也，亦谓“八英”，亦谓“八力”，言其神力英明，翌成万象，亿兆[2]流其神睿焉。

‖注释‖ 1 伊、洛：伊水和洛水，位于洛阳地区的两条河流。 2 亿兆：言其数量之多，这里是说八子的英勇为众人所知。

<解说> 《史记·五帝本纪》：“高辛于颛顼为族子。高辛生而神灵，自言其名。”高辛氏，黄帝之曾孙，少昊之孙，蟜极之子，从小就被当作继承人来培养，是姬姓之光。相传高辛十五岁的年纪就开始跟着颛顼处理国家大事，后来便接管了颛顼的帝位，成为下一代王者，也就是帝喾。

事业成功后，成家一事也就提上了议程。帝喾之妃是邹屠氏的女子。说到邹屠氏，必须追溯一下先祖之事。

黄帝在涿鹿之野打败蚩尤后，将乱党流放到了北方极寒之地，寸草不生；将善良的百姓迁到了邹屠，安居乐业，百姓以所居之地来分族，就有了邹氏、屠氏。邹屠氏的坊间流传，有一个女子能够乘风云而行，经常游玩于伊洛之滨。帝喾也听说了传言，就派人前往邹屠，直接迎娶邹屠女为妃。这种联

姻，在上古时代，很大程度上是有政治意味的。

有一段时间，邹屠女常常梦到自己吞日，前前后后共有八次，结果就生了八个孩子，世人称为“八神”“八翌”，又因他们天生带有神力，也叫“八英”“八力”。这里也是王嘉的神话性改写。帝喾究竟有多少个孩子，有两种说法：

一说两个，《五帝本纪》：“帝喾娶陈锋氏女，生放勋。娶娵訾氏女，生挚。”帝喾娶了陈锋氏之女，生了放勋；随后又娶了娵訾氏之女，生了挚。

一说四个，《帝王世纪》：“帝挚之母，于四人中，班最下。而挚于兄弟最长，得登帝位。”挚的母亲是兄弟四人中级别最低的，之所以登上帝位，全仗着自己出生早，可惜在位时间不长。上古神话在流传过程中发生变化，是不可避免的，后世人在原有故事的基础上，进行多方面润色改编，使得帝王的形象也更为丰富。

有丹丘之国，献码瑙瓮，以盛甘露。帝德所洽，被于殊方，以露充于厨也。码瑙，石类也，南方者为之胜。今善别马者，死则破其脑视之，其色如血者，则日行万里，能腾空飞；脑色黄者，日行千里；脑色青者，嘶闻数百里；脑色黑者，入水毛鬣不濡，日行五百里；脑色白者，多力而怒。今为器多用赤色，若是人工所制者，多不成器，亦殊朴拙。其国人听马鸣则别其脑色。丹丘之地，有夜叉驹跋之鬼，能以赤马脑为瓶、盂及乐器，皆精妙轻丽。中国人有用者，则魑魅不能逢之。一说云，马脑者，言是恶鬼之血，凝成此物。昔黄帝除蚩尤及四方群凶，并诸妖魅，填川满谷，积血成渊，聚骨如岳。数年中，血凝如石，骨白如灰，膏流成泉。故南方有肥泉之水，有白垩[1]之山，望之峨峨，如霜雪矣。又有丹丘，千年一烧，黄河千年一清，至圣之君，以为大瑞。丹丘之野多鬼血，化为丹石，则码瑙也。不可斫削雕琢，乃可铸以为器也。当黄帝时，码瑙瓮至，尧时犹存，甘露在其中，盈而不竭，谓之宝露，以班赐群臣，至舜时，露已渐减。随帝世之污隆[2]，时淳则露满，时浇则露竭，及乎三代，减于陶唐之庭。舜迁宝瓮于衡山之上，故衡山之岳有宝露坛。舜于坛下起月馆，以望夕月。舜南巡至衡山，百辟群后皆得露泉之赐。时有云气生于露坛，又迁宝瓮于零陵之上。舜崩，瓮沦于地下。至秦始皇通汨罗之流为小溪，径从长沙至零陵，掘地得赤玉瓮，可容八斗[3]，以应八方之数，在舜庙之堂前。后人得之，不知年月。至后汉东方朔[4]识之，朔乃作《宝瓮铭》曰："宝云生于露坛，祥风起于月馆，望三壶如盈尺，视八鸿如萦带。"三壶，则海中三山也。一曰方壶，则方丈也；二曰蓬壶，则蓬莱也；三曰瀛壶，则瀛洲也。形如壶器。此三山上广、中狭、下方，皆如工制，犹华山之似削成。八鸿者，八方之名；鸿，大也。登月馆以望四海三山，皆如聚米萦带者矣。

‖注释‖ 1白垩：碳酸钙的沉积物，现今一般用来制造粉笔。 2污隆：指王朝的兴衰。 3斗：古时的计量单位，十升为一斗。 4东方朔：西汉的文学家，为人诙谐幽默，善于谈笑，代表作有《七谏》《神异经》《海内十洲记》。

<解说> 《晋书·王嘉传》记载：王嘉其人"好为譬喻，状如戏调"，喜欢漫天想象。而萧绮评价《拾遗记》时，是这样说的："辞趣过诞。"直白一点，就是说王嘉的想象创作有些过了，夸张到失真，便是怪诞。萧绮这样说是不是有些过分呢？看一看王嘉自创的一套识马法，就知道了。

王氏识马法分析得特别细致：拥有红色脑子的马，可以日行万里，腾空而起；拥有黄色脑子的马，可以日行千里；拥有青色脑子的马，嘶吼声可以传到百里之外；拥有黑色脑子的马，可以入水不湿皮毛，日行五百里……

如何？这一套识马法科学吗？显然不。王嘉之所以自创一套体系，完全是为了将"码瑙"与"马脑"联系起来，是十分牵强的。因此，也是不可信的。

虽然王嘉不识马，但是识马的大有人在。千里马需要伯乐来识别，帝喾时代的丹丘国，可以说人人都是伯乐。国人只需要听一下马的叫声，就知道优劣品种。相传丹丘国的夜叉用马脑制作了一批日用产品，当然，这里其实是"码瑙"，若真以马脑作器具，是有些唬人，估计也没人敢用。一般人用这些器具，魑魅魍魉都不敢近身。之所以有这样的传言，源于黄帝蚩尤之战。

当年的大战，尸横遍野，白骨成灰，血流成河，这才有了南方的肥泉之水和白垩之山。经过长期的地质作用，加之有些君主以为千年烧杀一次丹丘为大祥，丹丘之地因此聚集了众多的孤魂野鬼，尸骨最后就成了玛瑙（即码瑙）。玛瑙因颜值高，一度成为王公贵族的心头宠。而此次丹丘国进献的玛瑙瓮，就是代表之一。

玛瑙瓮之中有甘露，自黄帝至尧，德泽天下，瓮中的甘露一直很充盈，君主还慷慨地将宝露赐予群臣共享。到了舜帝之世，甘露慢慢开始减少。舜以为自己德行有失，便将玛瑙瓮迁到衡山之上，专门建造宝露坛来盛放。舜驾崩之后，玛瑙瓮突然就沉到了地下。西汉的大神东方朔在舜庙中认出了这一宝物，一时兴起，便作《宝瓮铭》：“宝云生于露坛，祥风起于月馆，望三壶如盈尺，视八鸿如萦带。”三壶为海中的三山——方丈、蓬莱、瀛洲，形如壶器，与华山一般陡峭，鬼斧神工。

唐尧

帝尧在位，圣德光洽。河洛之滨，得玉版方尺，图天地之形。又获金璧之瑞，文字炳[1]列，记天地造化之始。四凶[2]既除，善人来服，分职设官，彝伦攸叙[3]。乃命大禹，疏川潴泽。有吴之乡，有北之地，无有妖灾。沉翔之类，自相驯扰。幽州之墟，羽山之北，有善鸣之禽，人面鸟喙，八翼一足，毛色如雉，行不践地，名曰青鸐，其声似钟磬笙竽也。《世语》曰："青鸐鸣，时太平。"故盛明之世，翔鸣薮泽，音中律吕，飞而不行。至禹平水土，栖于川岳，所集之地，必有圣人出焉。自上古铸诸鼎器，皆图像其形，铭赞至今不绝。

尧登位三十年，有巨查浮于西海，查上有光，夜明昼灭。海人望其光，乍大乍小，若星月之出入矣。查常浮绕四海，十二年一周天，周而复始，名曰贯月查，亦谓挂星查。羽人栖息其上。群仙含露以漱，日月之光则如冥矣。虞、夏之季，不复记其出没。游海之人，犹传其神伟也。西海之西，有浮玉山。山下有巨穴，穴中有水，其色若火，昼则通昽不明[4]，夜则照耀穴外，虽波涛灌荡，其光不灭，是谓"阴火"。当尧世，其光烂起，化为赤云，丹辉炳映，百川恬澈。游海者铭曰

“沉燃”，以应火德之运也。

尧在位七十年，有鸾雏岁岁来集，麒麟游于薮泽，枭鸱[5]逃于绝漠。有秖支之国献重明之鸟，一名“双睛”，言双睛在目。状如鸡，鸣似凤。时解落毛羽，肉翮[6]而飞。能搏逐猛兽虎狼，使妖灾群恶不能为害。饴以琼膏。或一岁数来，或数岁不至。国人莫不扫洒门户，以望重明之集。其未至之时，国人或刻木，或铸金，为此鸟之状，置于门户之间，则魑魅丑类自然退伏。今人每岁元日，或刻木铸金，或图画为鸡于牖上，此之遗像也。

‖注释‖ 1炳：光明、闪耀的意思。 2四凶：指浑敦、穷奇、梼杌、饕餮。《左传·文公十八年》：“舜臣尧，宾于四门，流四凶族浑敦、穷奇、梼杌、饕餮，投诸四裔，以御魑魅。” 3彝伦攸叙：彝伦，指伦理。叙，制定、确定。这里是说帝尧确定了伦理秩序。 4通昽不明：昽，模糊不清。浮玉山穴中白天光线昏暗，无法前行。 5枭鸱（xiāo chī）：即猫头鹰。《诗经·豳风·鸱枭》：“鸱枭鸱枭，既取我子，无毁我室。” 6翮（hé）：《说文》，“翮，羽茎也。”鸟类羽毛中间的空心硬管，也可指代鸟类的翅膀。

<解说> 尧并不是帝喾的长子，之所以能够即位，与哥哥挚有着密不可分的关系。

《帝王世纪》记载：“挚于兄弟最长，得登帝位。封异弟放勋为唐侯。挚在位九年，政微弱。而唐侯德盛，诸侯归之。挚服其义，乃率群臣造唐而致禅。唐侯自知有天命，乃受禅。”可以看出，挚不是当君主的料儿，在位几年，国家实力日渐衰微，GDP直线下降。反观弟弟放勋，把管辖区唐治理得井井有条，收获一大波忠实粉丝，好名声都传到帝都了。哥哥深思熟虑后，决定把帝位传给放勋，不能让江山断送在自己手里。如此，放勋便登基为帝，世称帝尧，也称唐尧。

唐尧即位后，广施德行于天下，自然而然受到了上天的眷顾。尧先后发现了玉版方尺和金璧，命人在上面刻记下史事，以流传于世。

唐尧之世，无法忽视的一件大事，就是中原的洪灾。《史记·夏本纪》：“当帝尧之时，鸿水滔天，浩浩怀山襄陵，下民其忧。尧求能治水者，群臣四岳皆曰鲧可。”群臣推荐鲧来治水。一开始尧是拒绝的，鲧的名声不太好，闹出过人命，有前科。但实在是人才稀缺，尧便在现实面前妥协。

事实证明，帝尧最初的决定是正确的。九年的时间，义务教育都可以结束了，鲧还是没有成功。治水一事，也就跟他们家杠上了，爸爸不行，那就儿子吧。“禹伤先人父鲧功之不成受诛，乃劳身焦思，居外十三年，过家门不敢入。”大禹也是个老实孩子，为了国家事业而奋斗终生。据传，当时的南浔国有一股阴泉，通往大地之脉，里面生活着龙鱼。龙鱼带有天生的使命感和责任感，协助大禹治水，主动申请当大禹的坐骑，等到四海升平，才自己回家去。

唐尧在位时，世间有很多奇鸟，重点说一下青鸐和重明。

羽山之北，是稀有动物青鸐的保护基地。稀有之处在于它长着人面鸟喙，背上有四对翅膀，能够发出钟磬一样鸣叫声。《世说新语》记载：青鸐鸣叫，便是太平之世；聚集之所，必有圣人出没。《尔雅·释鸟》：“鸐，山雉。”是的，没错，它就是山鸡。

祇支国进献了一只名为“双睛”的重明鸟，似鸡非鸡，能够发出凤鸣之声。双睛鸟最厉害的技能是打怪，别管什么豺狼猛兽，分分钟掉血而亡。因此，百姓特别喜欢它，为此出了一系列周边，门上的贴画、门口的石墩、家里的摆件，通通都是双睛鸟的形象，魑魅魍魉看到后也不敢靠近。魏晋时期，每年元日，家家户户窗上贴着绘有鸡的图画，那鸡就是双睛鸟。

当时的景观也是非常有特色的。一有贯月查。尧在位三十年，西海上突然出现了一艘会发光的大船，当时称作“贯月查”。据出海的人说，夜晚船上灯火通明，其光时大时小，宛若星辰，里面都是仙人在喝酒玩乐，一直在海上漂来漂去，不知什么时候就消失不见了。二有阴火。西海之西有座山，山名浮玉，山中有个洞，洞里有个穴，穴中有团火，名唤为“阴火”。即使有波涛灌溉其中，洞中的火光也不会熄灭。尧之世，阴火变得异常绚烂，直冲九天，化为祥云，照耀整个神州大地。

虞舜

虞舜在位十年，有五老游于国都，舜以师道尊之，言则及造化之始。舜禅于禹，五老去，不知所从。舜乃置五星[1]之祠以祭之。其夜有五长星出，熏风四起，连珠合璧，祥应备焉。万国重译[2]而至。有大频之国，其民来朝，乃问其灾祥之数。对曰："昔北极之外，有潼海之水，渤潏[3]高隐于日中。有巨鱼大蛟，莫测其形也，吐气则八极皆暗，振鬐[4]则五岳波荡。当尧时，怀山为害，大蛟萦天，萦天则三河俱溢，海渎同流。三河者，天河、地河、中河是也。此三水有时通壅，至圣之治，水色俱澄，无有流沫。及帝之商均[5]，暴乱天下，则巨鱼吸日，蛟绕于天，爰及鸟兽昆虫，以应阴阳。至亿万之年，山一轮，海一竭，鱼、蛟陆居，有赤乌如鹏，以翼覆蛟鱼之上。蛟以尾叩天求雨，鱼吸日之光，冥然则暗如薄蚀矣，众星与雨偕坠。"舜乃祷海岳之灵，万国称圣。德之所洽，群祥咸至矣。

舜葬苍梧之野，有鸟如雀，自丹州而来，吐五色之气，氤氲如云，名曰凭霄雀，能群飞衔土成丘坟。此鸟能反形变色，集于峻林之上，在木则为禽，行地则为兽，变化无常。常游丹海之际，时来苍梧之野，衔青砂珠，积成垄阜，名曰“珠丘”。其珠轻细，风吹如尘起，名曰“珠尘”。今苍梧之外，山人采药，时有得青石，圆洁如珠，服之不死，带者身轻。故仙人方回[6]《游南岳七言赞》曰：“珠尘圆洁轻且明，有道服者得长生。”

冀州之西二万里，有孝养之国。其俗人年三百岁，而织茅为衣，即《尚书》“岛夷卉服”之类也。死，葬之中野，百鸟衔土为坟，群兽为之掘穴，不封不树[7]。有亲死者，刻木为影，事之如生。其俗骁勇，能啮金石，其舌杪方而本小。手搏千钧，以爪画地，则洪泉涌流。善养禽兽，入海取虬龙，育于圜室，以充祭祀。昔黄帝伐蚩尤，除诸凶害，独表此处为孝养之乡，万国莫不钦仰，故舜封为孝让之国。舜受尧禅，其国执玉帛来朝，特加宾礼，异于余戎狄也。

南浔之国，有洞穴阴源，其下通地脉。中有毛龙、毛鱼，时蜕骨于旷泽之中。鱼、龙同穴而处。其国献毛龙，一雌一雄，故置豢龙之官。至夏代养龙不绝，因以命族。至禹导川，乘此龙。及四海攸同，乃放河汭。

‖注释‖ 1 五星：辰星、太白、荧惑、岁星、镇星，即今水星、金星、火星、木星、土星。《史记·天官书》：“天有五星，地有五行。”五星与五行是存在对应关系的。 2 重译：多次翻译的意思。前往中原的各国之间言语不通，必须经过多次翻译相传。 3 潏（yù）：水流奔涌之像。另有潏河，古长安八水之一。 4 鬐（qí）：鬃毛。唐代司空图《说鱼》：“其水迅激，不能蓄鬐介之族。”鬐，指的就是水中的鱼类生物。 5 帝之商均：此处应当为“帝之丹朱”。商均为舜之子，根据文意，不当言其事。 6 方回：《列仙传》，“方回者，尧时隐人也。尧聘以为闾士，炼食云母，亦与民人有病者。”方回是尧时的隐士，曾负责为尧炼食云母，后得道成仙。 7 不封不树：封，指葬人的土堆；树，指用来做标记的树木。不封不树，即主张薄葬，是最初的丧葬习俗，其后魏晋时期又有宣扬。

<解说> 舜，以孝道闻名于天下，《二十四孝》中“孝感天地”的主人公就是他。

但凡成就大事的人，大多有着悲惨的童年，舜就是当年立志青年的代表。“父顽，母嚣，弟象傲”，舜的意志也是超乎常人地坚定，丝毫没有受到家庭环境的影响，从“三好学生”到“道德模范”，从小乡村一路打进国家级比赛，拥有了极高的知名度，这才引起了尧的注意。

舜最终是如何获取帝位的？古籍中记载了两种说法：

其一，正常禅让。《史记·五帝本纪》：“尧知子丹朱之不肖，不足授天下，于是乃权授舜。”尧知道自家的熊孩子不能担当大任，就把帝位禅让给了模范舜。

其二，蓄意谋反。《竹书纪年》：“舜囚尧，复偃塞丹朱，使不与父相见也。”舜本来就有称帝的心，奈何尧一直不退位，而且还有丹朱在等着吃现成的。经过长期的谋划，舜成功把尧囚禁起来，自己上台。禅让的继承方式在后世之所以成为主流说法，一部分原因在于儒家对舜仁君形象的重点打造，他们需要这些故事来支撑自己的学说，而那些不仁不义之事便被掩盖掉了。

舜在位第十年，恰逢五星下凡。五星老人打着“博学”的招牌，从开天辟地讲到现今的鸡毛小事，无所不知。舜为此专门建造了五星祠堂来祭拜他们。据说祭拜当晚，天上五星连珠，一片祥瑞之气充溢在国都之中。

这股祥瑞之气引得万国来朝。舜借此机会，举办了国际性的研讨会——“灾祥”与治国问题的密切关系，得到了各地的响应。大频国为此次会议，专门准备了一篇文章——《北极“三河”泛滥问题对今世治国的启示》。文章主要强调了两点：

一是“三河”问题。“三河”，指天河、地河、中河。大频使者先说道，北极之外的潼海中，生活着大蛟和巨鱼，类似于《逍遥游》中所说的鲲鹏，“不知其几千里”。大蛟吐个口水，四海八方灰蒙蒙的；打个喷嚏一抖，山岳将崩于前。相传唐尧在位时，就曾有蛟龙绕天，引得三河俱溢，川林受灾，民不聊生。直至尧治清平，海水才愈加清澈平静。

二是总结经验教训。文章以丹朱作为反面教材，进行深入的分析说明。丹朱，尧之子，因惑乱天下，导致“三河”再次泛滥成灾，大鱼吸食太阳，蛟龙环绕于天，阴阳五行的正常运行规律被打破。如此这般，亿万年之后，山川变为平地。大鱼与蛟龙居于陆地之时，会有红色乌鸦以大羽覆盖龙鱼。是时，蛟龙会以尾祈天降下暴雨，大鱼吸取日月之光，星辰伴随暴雨坠落，整个世界将会陷入一片昏暗。大频国主要是希望参会各国今后能够以此为鉴，及时制止惑乱发生，共同推动盛世建设。其发言获得了大家一致的认可。此会之后，舜更加致力于国家建设，实施德政，四方臣服。

舜在位三十九年，死于南巡途中，葬于苍梧山。《史记·五帝本纪》：“舜南巡崩于苍梧之野，葬于江南九嶷。”自此之后，常常有凭霄雀聚集在舜的坟头。这种雀祖籍丹州，口吐五色之气，能够衔土为他人做坟丘。

凭霄雀可以随意变换自身的颜色，隐藏于树林中，是鸟中的高配版“变色龙”。为什么是高配版呢？变色龙也只是变换自身颜色，凭霄雀在树上是鸟，到了陆地上可就直接变成行走的兽类。此外，还有一项技能——口衔砂珠，砂珠吃了可以长生不死，羽化登仙，也叫作“珠尘”。

《尚书·禹贡》：“岛夷卉服。”孔颖达注解：“舍人曰：‘凡百草一名卉’，知卉服是草服，葛越也。葛越，南方布名，用葛为之。”生活在岛上的民族，穿的是葛衣。葛的用处极多，其茎可编织成篮子，纤维可以织成葛布，其根可以制为淀粉以供药用。

先前，黄帝大败蚩尤，为表彰一国而赐予“孝养”之名。孝养国就是典型的“岛夷卉服”之国。国人穿茅草做成的衣服，人均三百岁，但长寿并不意味着永生。在他们死后，百鸟群兽为其筑坟丘，生态文明建设得特别好。亲人们则用树木刻成亡者的样子，静心供奉。民风好勇，能够口嚼金石，手搏千斤，曾有勇士入海捕捉蛟龙，将其养于国中，用于祭祀。舜接受禅让即位时，孝养国第一时间来朝祝贺。加之其国光辉的历史，舜以宾礼迎之，给予足够的优待。

舜之世，相传有南浔国，国中有一大山洞，其中水源可直通地脉。洞中有毛鱼、毛龙共处，是其脱胎蜕骨之所。某年，南浔国将一雌一雄两只毛龙进献给了舜帝，舜为此专门设置豢龙之官，精心饲养，直到夏朝立国，豢龙之官长盛不衰，其后人便以龙为姓。据说大禹治水时所乘坐的，正是这南浔毛龙。待到江河各归其所，毛龙完成了自己的使命，世人便将其放归河水中，还其自由。

卷贰

夏禹

尧命夏鲧治水，九载无绩。鲧自沉于羽渊，化为玄鱼。时扬须振鳞，横修波之上，见者谓为“河精”。羽渊与河海通源也。海民于羽山之中，修立鲧庙，四时以致祭祀，常见玄鱼与蛟龙跳跃而出，观者惊而畏矣。至舜命禹疏川奠岳，济巨海则鼋鼍[1]而为梁，逾翠岑[2]则神龙而为驭，行遍日月之墟，惟不践羽山之地，皆圣德之感也。鲧之灵化，其事互说，神变犹一，而色状不同。玄鱼黄能，四音相乱，传写流文，“鲧”字或“鱼”边“玄”也。群疑众说，并略记焉。

禹铸九鼎，五者以应阳法，四者以象阴数。使工师以雌金为阴鼎，以雄金为阳鼎。鼎中常满，以占气象之休否。当夏桀之世，鼎水忽沸。及周将末，九鼎咸震，皆应灭亡之兆。后世圣人，因禹之迹，代代铸鼎焉。

禹尽力沟洫，导川夷岳，黄龙曳尾于前，玄龟负青泥于后。玄龟，河精之使者也。龟颔下有印，文皆古篆字，作九州山川之字。禹所穿凿之处，皆以青泥封记其所，使玄龟印其上。今人聚土为界，此之遗象也。

禹凿龙关之山，亦谓之龙门。至一空岩，深数十里，幽暗不可复行。禹乃负火而进。有兽状如豕，衔夜明之珠，其光如烛。又有青犬，行吠于前。禹计可十里，迷于昼夜，既觉渐明，见向来豕犬变为人形，皆着玄衣。又见一神，蛇身人面。禹因与语。神即示禹八卦之图，列于金版之上。又有八神侍侧。禹曰："华胥[3]生圣子，是汝耶？"答曰："华胥是九河神女，以生余也。"乃探玉简授禹，长一尺二寸，以合十二时之数，使量度天地。禹即执持此简，以平定水土。蛇身之神，即羲皇也。

‖注释‖ 1鼋鼍（yuán tuó）：巨鳖和扬子鳄，均属爬行动物。 2岑：小山。《说文解字》："岑，山小而高也。" 3华胥：伏羲之母。《帝王世纪》："太皞帝庖牺氏，风姓也。母曰华胥。燧人之世，有大人之迹出于雷泽之中，华胥履之，生庖牺于成纪。"

<解说> 鲧治水"九年而水不息，功用不成。于是帝尧乃求人，更得舜。舜登用，摄行天子之政，巡狩。行视鲧之治水无状，乃殛鲧于羽山以死。"（《史记·夏本纪》）鲧治水整整九年，一点进展都没有。舜上台后，因为洪水的事，发愁得很，偏偏鲧还是没有按时完成任务。最后，舜便派人在羽山把鲧杀了。

不同于史书记载：神话系统中的鲧因私自动用息壤治水，被天帝杀于羽山。《山海经·海内经》："鲧窃帝之息壤以堙洪水，不待帝命，帝令祝融杀于羽郊。"息壤，可以自生的神土，鲧本来是打算用它来填堵洪水的。谁知天帝以为权威被挑战，气得直接把鲧拉下去砍了。

鲧死后，其神化为他物，究竟为何？一说黄熊，《国语·晋语》八："昔者鲧违帝命，殛之于羽山，化为黄熊以入于羽渊。"一说玄鱼，也就是《拾遗记》所载，鲧化身为玄鱼沉入羽渊，当地的百姓还将其奉为河神，在羽山修建祠堂，专门祭祀，羽渊之上也时常有玄鱼、蛟龙等鱼类翻腾跳跃。等到鲧的儿子大禹继承先父遗志，继续治水大业时，唯独不侵犯羽山之地，以表对先父的尊重。

大禹一直坚守在自己的岗位上，为治水事业奋斗。孤军奋战是极其艰难的，幸好有队友的帮忙，再加上老天的眷顾，禹的大业才顺利成功。以下重点介绍一下队员：

黄龙——负责引路、铺路的工作；

玄龟——负责后续标记工作，用随身携带的青泥封记穿凿之地，盖上自己的小印章；

应龙——天帝所派，负责挖山开河等难度系数极高的任务，吊打小喽啰。

在穿凿龙关山的时候，大禹遇到了一件奇事。龙关山有一处岩洞，深数十里，里面乌漆墨黑，什么都看不清。为了勘测地形情况，大禹只好硬着头皮举着火把进洞，一探究竟。入洞后，大禹先是被夜明珠闪到了眼，想带走，可惜在野猪嘴里叼着；再往后，碰到了青犬，为其引路。走啊走啊，突然前方乍明，云气升腾，转瞬间野猪和青犬都化作了黑衣使者，中间还站了一个人面蛇身的仙人，手中拿有八卦之图。大禹观察了一会儿，觉得此人形体、装扮似乎跟书中记载的伏羲一模一样，就主动上前搭话，轻声问："华胥神女曾生有一神子，是仙人您吗？"仙人微笑着点点头，紧接着送给大禹一件礼物——丈天玉简，长一尺二寸，可以用来丈量天地。有丈天玉简在手，大禹治起水来方便了许多，治水的重任很快就完成了。

平定了天下的大禹，搜集天下青铜，开始铸鼎。《史记·封禅书》："禹收九牧之金，铸九鼎。""金"，指的是青铜，商周的青铜铸造业特别发达，青铜器也是王族诸侯权力地位的象征。加之其上有百物之形的修饰，九鼎显得更为尊贵高雅。鼎中盛满了仙露，据说可以通过仙露的变化占卜吉凶，"使民知神奸"。自此，铸鼎一事就成了潮流。事实证明，这批鼎的铸造是有现实意义的。从夏桀之暴开始，鼎中的仙露就沸腾不止，等到西周末年，诸侯战乱，九鼎整天"砰砰砰"震动，完全就是亡国的预兆。

殷汤

商之始也，有神女简狄，游于桑野，见黑鸟遗卵于地，有五色文，作“八百”字，简狄拾之，贮以玉筐，覆以朱绂[1]。夜梦神母谓之曰：“尔怀此卵，即生圣子，以继金德。”狄乃怀卵，一年而有娠，经十四月而生契。祚[2]以八百，叶卵之文也。虽遭旱厄[3]，后嗣兴焉。

傅说赁为赭衣者[4]，舂于深岩以自给。梦乘云绕日而行，筮得“利建侯”之卦。岁余，汤以玉帛聘为阿衡也。

‖注释‖ 1朱绂（fú）：一说古时礼服上的红色蔽膝。一说系玉佩的红色丝绳。2祚（zuò）：皇位、帝位，这里是说商朝的八百年历史。3旱厄：指商汤在位时，曾大旱五年，其以身为牺牲，为天下求雨之事。《吕氏春秋·顺民》：“昔者汤克夏而正天下，天大旱，五年不收。汤乃以身祷于桑林。”4赭（zhě）衣者：有罪之人，身着囚服。

<解说> 《诗经·商颂·玄鸟》中讲“天命玄鸟，降而生商”，商部族的起源要从一颗玄鸟蛋说起。

神女简狄挑了个晴天，到桑林里去游玩，半路上看到了一颗蛋。这颗蛋要是个平平无奇的鸡蛋、鸟蛋也就算了，偏偏是黑色的，上面印了两个彩色的大字——“八百”。简狄觉得新奇，就把玄鸟蛋捡走了。当晚，简狄梦到神母，说：“你只要吃了这颗玄鸟蛋，就能生下天选之子，继承天下之位。”简狄吃了之后，果然生了男孩，取名为“契”，这位天选之子也就是商部族的先祖。

吞食玄鸟蛋而生子，这在先秦时期属于感生神话，像周部族的先祖——稷，也是感生神话的例子，它是无法用生物学知识来解释的。感生神话的存在，是为神化先祖而服务的。

《毛诗故训传》曰：“春分，玄鸟降。汤之先祖有娀氏女简狄，配高辛氏。帝率与之祈于郊禖而生契。”有娀氏之女简狄是帝喾的次妃，春分之日，玄鸟来临，帝喾率群妃一同祭祀高禖神，以求后嗣。《礼记·月令》同样记载：“仲春之月……玄鸟至。至之日，以大牢祠于高禖，天子亲往，后妃帅九嫔御，乃礼天子所御。”因此，“天命玄鸟，降而生商”，事实上说的就是商朝的祈子活动。

按照玄鸟蛋上所预示，商朝共有“八百”历史，虽然中间有些坎坷不顺，最后还被西周所灭，但并未被赶尽杀绝。《史记·殷本纪》：“封纣子武庚、禄父，以续殷祀，令修行盘庚之政。”且周武王即位后，“封殷后为诸侯，属周”，将纣王的长兄微子启封于商丘，建立宋国，宋国也就成了殷商的后代。

《孟子》言：“傅说举于版筑之间”，傅说是个励志青年的代表。作为有罪之人，傅说一直在傅岩之地认真劳改，谋求生活。武丁与傅说的君臣相遇，《史记》说是武丁在郊野寻得傅说，与梦中圣人长得一模一样。恰好傅说是个才能之士，从此就跟了武丁。《拾遗记》的记载却是傅说自己做了好梦，得了吉卦，才成了武丁的得力助手。可见，后世的各种改写也是随性发挥，创作也不受多大限制。

“岁余，汤以玉帛聘为阿衡也。”此句讲的是商汤以玉帛为聘，任命伊尹为相，赐名“阿衡”一事。应当是流传过程中不可避免地发生了讹误遗失，导致两件事情混连在了一起。

纣之昏乱，欲讨诸侯，使飞廉、恶来[1]诛戮贤良，取其宝器，埋于琼台之下。使飞廉等惑所近之国，侯服[2]之内，使烽燧相续。纣登台以望火之所在，乃兴师往伐其国，杀其君，囚其民，收其女乐，肆其淫虐。神人愤怨。时有朱鸟衔火，如星之照耀，以乱烽燧之光。纣乃回惑[3]，使诸国灭其烽燧。于是亿兆夷民乃欢，万国已静。及武伐纣，樵夫牧竖探高鸟之巢，得玉玺，文曰：“水德将灭，木祚方盛。”文皆大篆，纪殷之世历已尽，而姬之圣德方降。是以三分天下而其二归周。故蚩蚩之类[4]，嗟殷亡之晚，望周来之迟也。

‖注释‖ 1飞廉、恶来：飞廉，也作蜚廉，是恶来之父。《墨子》：“纣有勇力之人，生捕兕虎，指画杀人。”勇力之人说的就是蜚廉、恶来父子。 2侯服：《周礼·夏官·职方氏》：“方千里曰王畿，其外方五百里曰侯服，又其外方五百里曰甸服。”王畿之外方圆五百里叫作侯服，再往外五百里是甸服，是按照距离远近划分的不同区域。 3回惑：疑惑、迷惑。 4蚩蚩之类：天下纷争、混乱的局面。《广雅》：“蚩，乱也。”

<解说> 商朝最有名暴君当属商纣王。

商纣王帝辛，帝乙之子，微子之弟，即位后整天想着“我要占地盘！我要给老商家长脸！”结果今天讨伐东边，明天征讨西边，一来二去不仅国库空虚，军队战斗力还直线下降。

纣王把兵力用垮也就算了，还听信飞廉、恶来两个奸臣父子的话，自己不断往坑里跳。《荀子·解蔽》：“纣蔽于妲己、飞廉，而不知微子启，以惑其心，而乱其行。”父子俩打着纣王的旗号，在朝中诛杀贤良大臣，势力遍布全国。“烽火台事件”很快也发生了。哪个国家的烽火一旦燃起，纣王二话不说就去攻打，杀诸侯、囚百姓、抢妇女，跟土匪一样，没有一点君主的样子。

长此以往，天下的诸侯大多归顺于周，商朝元气已尽。大约在公元前1446年，商朝灭亡。《拾遗记》还为武王伐纣加了一个小预言。武王昭告天下，准备伐纣时，有一位樵夫在鸟巢中得到一枚玉玺，上面写道：“水德将灭，木德将兴盛。”水德，指的是商朝；木德，指的是周朝，木德将兴说的就是周朝即将建立。《史记·殷本纪》：“周武王于是遂率诸侯伐纣。纣亦发兵距之牧野。甲子日，纣兵败。纣走入，登鹿台，周武王遂斩纣头，县之白旗。”牧野之战，商朝大败，周武王在鹿台把纣王杀了。

师延者，殷之乐人也。设乐以来，世遵此职。至师延，精述阴阳，晓明象纬，莫测其为人。世载辽绝，而或出或隐。在轩辕之世，为司乐之官[1]。及殷时，总修三皇五帝之乐。拊一弦琴则地祇[2]皆升，吹玉律则天神俱降。当轩辕之时，年已数百岁，听众国乐声，以审兴亡之兆。至夏末，抱乐器以奔殷。而纣淫于声色，乃拘师延于阴宫[3]，欲极刑戮。师延既被囚系，奏清商、流徵、涤角[4]之音。司狱者以闻于纣，纣犹嫌曰："此乃淳古远乐，非余可听说也。"犹不释。师延乃更奏迷魂淫魄之曲，以欢修夜之娱，乃得免炮烙之害。周武王兴师，乃越濮流而逝，或云死于水府。故晋、卫之人，镌石铸金以像其形，立祀不绝矣。

‖注释‖ 1司乐之官：司，掌管、主管的意思。司乐之官即负责国家音乐事务的官员。 2地祇：地神，古代祭祀的对象之一。地祇主要有山川湖泊之神、土地之神、社稷之神等等。 3阴宫：古时囚禁犯人的地方。 4清商、流徵、涤角：属于古代的五音。《周礼·春官》："皆文之以五声，宫商角徵羽。"五声也就是五音，宫、商、角、徵、羽，分别对应现在的do、re、mi、sol、la。清商的曲调以悲凉为主要特色；流徵，指节奏流畅的徵音；涤角，指节奏急促的角音。

<解说> 师，是古时掌乐之官，师旷、师涓、师延都是负责国家音乐的。延是殷地有名的乐师，精通阴阳之术，轩辕之世便是司乐之官，有了师延之名；到了商朝，掌管三皇五帝时期的上古音乐。

师延这个人，行事比较随性，但术业有专攻，琴技超人。师延一抚琴吹箫，天上地下的神仙纷纷被吸引来，而且仅凭乐声就可以判断出国家的兴衰之期，一般人肯定做不到。按照正常剧情，师延绝对应该被当成国宝来对待、保护，谁想碰上了商纣王，那就倒霉了。

师延弹奏的都是雅乐，一般用于朝拜、祭祀等重要场合，比较庄严肃穆。偏偏商纣王最烦那一套，听着累得很，就喜欢听一些迷魂曲、摄魂曲，轻松愉快一些。师延一开始执拗得很，坚守自我，就是不弹。纣王下令"关起来，等着处死"……好吧，师延尽管愤愤不平，但还是要想办法活着啊，只能妥协了。纣王听到后，甚是开心，就免了师延的炮烙之刑。

武王伐纣的口号打响后，纣王忙得焦头烂额，根本顾不上一个小小的乐师。师延就趁机逃走了，获得了人身自由，成为正常公民。师延至此就没有了踪迹。王嘉又发挥个人想象，给师延安排了一个结局。师延最后怎么样呢？过濮水时溺水而亡。后人为了纪念他，专门打造金石铜像，世代祭祀师延。

周

周武王东伐纣，夜济河。时云明如昼，八百之族，皆齐而歌。有大蜂状如丹乌，飞集王舟，因以乌画其旗。翌日而枭纣，名其船曰蜂舟。鲁哀公[1]二年，郑人击赵简子[2]，得其蜂旗，则其类也。（事出《太公六韬》。）武王使画其像于幡旗，以为吉兆。今人幡信皆为鸟画，则遗像也。

‖注释‖ 1鲁哀公：春秋时期鲁国的第二十六任君主，孔子于鲁哀公十六年去世。 2赵简子：春秋时期晋国的大夫，《赵氏孤儿》中孙武之孙，一生致力于晋国改革。

<解说> 周部族的起源，也是先秦感生神话的代表。《诗·大雅·生民》："履帝武敏歆，攸介攸止。"姜嫄踩了天帝大大的脚印，然后就怀孕了，生下的孩子叫作稷。稷从小立志要当一位农学家，并且在这方面表现出了惊人的天赋。成年后，稷带领部落百姓一起种植五谷，因地制宜，遥遥领先于众多部落。等到文王武王时代，周部族才正式崛起，伐纣灭商，周部族夺得天下。

蜂旗，指的是绘有蜂形的军旗。武王伐纣时，所用的军旗就是蜂旗。据《拾遗记》所载，一日武王的军队夜里渡河，忽然有成片的大蜂聚集在船头。武王想，这绝对不是普通的自然现象，一切异象都是预兆，莫非预示着伐纣灭商的成功？一定是上天眷顾我大周。武王即刻下令，让手下把大蜂画在军旗上，船也改叫蜂舟，借机鼓舞士气，争取一战成功。在军旗上进行创作，也成为一时的潮流，直到魏晋时期都在沿用。

成王即政三年，有泥离之国来朝。其人称：自发其国，常从云里而行，闻雷霆之声在下；或入潜穴，又闻波涛之声在上。视日月以知方国所向，计寒暑以知年月。考国之正朔，则序历与中国相符。王接以外宾礼也。

四年。旃涂国献凤雏，载以瑶华之车，饰以五色之玉，驾以赤象，至于京师，育于灵禽之苑，饮以琼浆，饴以云实，二物皆出上元仙。方凤初至之时，毛色文彩未彪发；及成王封泰山、禅社首[1]之后，文彩炳耀。中国飞走之类，不复喧鸣，咸服神禽之远至也。及成王崩，冲飞而去。孔子相鲁之时，有神凤游集。至哀公之末，不复来翔，故云："凤鸟不至。"可为悲矣！

五年。有因祇之国，去王都九万里，献女工一人。体貌轻洁，被纤罗杂绣之衣，长袖修裾，风至则结其衿带[2]，恐飘飖不能自止也。其人善织，以五色丝内于口中，手引而结之，则成文锦。其国人来献，有云昆锦，文似云从山岳中出也；有列堞[3]锦，文似云霞覆城雉楼堞也；有杂珠锦，文似贯珠佩也；有篆文锦，文似大篆之文也；有列明锦，文似列灯烛也。幅皆广三尺。其国丈夫勤于耕稼，一日锄十顷之地。又贡嘉禾，一茎盈车。故时俗四言诗曰："力勤十顷，能致嘉颖。"

六年。燃丘之国献比翼鸟，雌雄各一，以玉为樊。其国使者皆拳头尖鼻，衣云霞之布，如今"朝霞"也。经历百有余国，方至京师。其中路山川不可记。越铁岘，泛沸海，蛇洲、蜂岑。铁岘峭砺，车轮刚金为辋[4]，比至京师，轮皆铫锐几尽。又沸海汹涌如煎，鱼鳖皮骨坚强如石，可以为铠。泛沸海之时，以铜薄舟底，蛟龙不能近也。又经蛇洲，则以豹皮为屋，于屋内推车。又经蜂岑，燃胡苏之木，此木烟能杀百虫。经途五十余年，乃至洛邑。成王封泰山，禅社首。使发其国之时并童稚，至京师，须皆白。及还至燃丘，容貌还复少壮。比

翼鸟多力，状如鹊，衔南海之丹泥，巢昆岑之玄木，遇圣则来集，以表周公辅圣之祥异也。

七年。南陲之南，有扶娄之国。其人善能机巧变化，易形改服，大则兴云起雾，小则入于纤毫之中。缀金玉毛羽为衣裳。能吐云喷火，鼓腹则如雷霆之声。或化为犀、象、师子、龙、蛇、犬、马之状。或变为虎、兕，口中生人，备百戏[5]之乐，宛转屈曲于指掌间。人形或长数分，或复数寸，神怪欻忽[6]，衒丽[7]于时。乐府皆传此伎，至末代犹学焉，得粗亡精，代代不绝，故俗谓之婆候伎，则扶娄之音，讹替至今。

‖注释‖ 1封泰山、禅社首：《汉书·郊祀志》，"周成王封泰山，禅于社首。"封禅是古代帝王祭祀天地的大典。 2衿带：指衣带。单独的衿字，是衣领、交领的意思。 3堞（dié）：垛墙，就是矮城墙。古代敌军攻城时，垛墙可作为藏身、隐蔽之处，以便发动突袭敌人。 4辋：车轮外围的边框。《释名》："辋，网也，谓网罗周轮之外也。" 5百戏：中国古代民间各种杂技表演的统称。《汉文帝纂要》载："百戏起于秦汉曼衍之戏，技后乃有高緪、吞刀、履火、寻橦等也。"百戏起源于秦汉之际。 6欻（xū）忽：移动迅速。 7衒丽：炫丽，光彩夺目的意思。

<解说>《礼记·明堂位》："武王崩，成王幼弱，周公践天子之位以治天下。"武王灭商不久便去世了，年幼的成王在周公姬旦的辅助下登上了王位。

成王悠闲了七年，把周公累得够呛，身体极速衰老。加之朝中有些人对周公摄政有意见，周公刚好返政成王，安安静静地做个臣子，等着养老。《史记·周本纪》："周公行政七年，成王长，周公反政成王，北面就群臣之位。"成王自己逛了这么些年，心里也过意不去，况且周公可是父辈那个时代的大功臣，也是自己的叔父，于情于理也要大加封赏。于是，成王将叔父一家封到了山东曲阜，建立鲁国，周公之子伯禽担任首位国君。《礼记·明堂位》："成王以周公为有勋劳于天下，是以封周公于曲阜。地方七百里，革车千乘，命鲁公世世祀周公以天子之礼乐。" 特命鲁国能够使用天子之乐，可以说是无上的荣耀了。

接下来讲一讲成王时期的那些小事。

周成王执政三年，泥离国来朝见，成王以外宾之礼来接待。这个国家的人宣传自己：我们都是腾云来的，雷霆之声相伴而行；我们通过观察日月，可以确定各个国家的具体方位；虽然没有国家颁布的正式历法，但是会用日月星辰来纪年，与中原国家倒是相差不多的。

周成王执政四年，旃涂国来朝，进献了一只小凤凰。《山海经》："有鸟焉，其状如鸡，五采而文，名曰凤皇。"商周时期，凤凰（即凤皇）形象经常出现在青铜器上，后世逐渐演变为中国文化中的重要元素。

旃涂国进献的这个凤凰虽小，出行的阵仗倒是大得很，坐的是白玉车，缀的是五色玉，驾的是赤色象。成王第一眼就喜欢上了小家伙，虽然毛儿还没有长全，但是丑萌丑萌的。一般人就养养猫、养养狗，王上可是养凤凰的人。琼浆是极为珍贵的上元仙人专属饮用品，成王天天让宠物喝，一点都不心疼。营养跟得上，自然长得快。等到成王泰山封禅回来，小凤凰已经成长为新一任的神兽头头。成王驾崩之后，没了主人的凤凰冲天而去，再也没有回来。

凤凰这一类神鸟，只有明君贤臣在世的时候才会现身。像孔老夫子在鲁国任丞相时，就有神鸟聚集；鲁哀公时期，各个诸侯国间战争频发，天下大乱，凤凰就没有出现过。夫子叹息："凤鸟不至，河不出图，吾已矣夫！"（《论语·子罕》）发出了绝望时代的呼号。

在离王城九万里的地方，有一个因祇国。成王执政第五年，因祇国进献了一个女工。"袅袅身轻约画图，轻风习习衣裾。"女工最擅长的是纺织，把五色丝线放到她的袖口中，转瞬间一匹布就织好了。这些事情一传十，十传百，女工很快成为周朝的传奇人物。女工还将因祇国的云昆锦、列堞锦、杂珠锦、篆文锦、列明锦等各种精美丝织品献给成王。据女工说，因祇国的女子手艺精巧，男子勤劳善良，完全过着自给自足的生活，这些贡品都是国人亲手织成的。当时有俗语说："力勤十顷，能致嘉颖。"因祇国的男子一天可以锄十顷的地，产出的"嘉禾"一茎盈车，粮食产量稳居第一。

成王执政第六年，燃丘国来觐见，送了两只比翼鸟，一雌一雄。《长恨歌》："在天愿作比翼鸟，在地愿为连理枝。"比翼鸟一直是作为爱情的象征存在的，它究竟长什么样子？

《山海经·西山经》："崇吾之山有鸟焉，其状如凫，而一翼一目，相得乃飞，名曰蛮蛮，见则天下大水。"又《博物志》："南方有比翼鸟，飞止饮啄，不相分离……死而复生，必在一处。"蛮蛮就是比翼鸟，一翼一目，总是雌雄并行，还要死同穴，后世也是因此习性，才赋予其爱情的意义。

而成王在位期间，比翼鸟现身于世完全是因为周公辅政的功绩。燃丘国的使者团千里迢迢赶到京师来进献礼物，一路上吃了不少苦头，刚见到成王就开始抱怨哭诉："我们来之前可是做了万全准备，但真没想到路途如此艰辛。我们先是经过了铁岘山，钢铁特制的马车在里面走一遭，车轮都坏得差不多了。接着是滚烫的沸海，里面的鱼呀、龟呀就跟铁打的一样，可以直接拿来做铠甲了。之后的蛇洲、蜂岑还算是个正常的地方，至少我们可以平安路过。王上，你们京师如果闹虫灾，可以派人到蜂岑去找胡苏树，它冒出的烟气可以杀百虫。我们使者团走了五十多年才到京师洛邑。您看看旁边的这位老者，您能相信他离开故乡的时候还是个小孩子吗？现在他妈估计都不认识他了。"

成王听了之后，实在过意不去，想着要不留他们在这儿养老。使者团代表说："您不必担心，我们回国后，就能恢复到原本的容貌了。"这倒是惊到了成王。可能是中原的环境相比燃丘国来说太恶劣，空气不好，而且一路上都是这些破路，不老才怪。

成王执政第七年，街头巷尾传言南方边陲有个大型马戏团——扶娄。这个大型马戏团在当时超火的。首先，里面的人可以随意换装，穿的都是金丝羽毛；其次，他们可以喷火，就跟火龙一样，肚子还能发出轰隆隆的雷声；此外，他们可以化身为犀牛、大象、狮子等动物，口中可以吐人，时大时小。扶娄马戏团或以此谋生，或作为兴趣爱好，闯荡江湖。按照《拾遗记》所说，汉代的乐府继承了扶娄马戏团的技艺，但也只是学到了皮毛，扶娄国的绝技也就渐渐失传了。

昭王即位二十年，王坐祇明之室[1]，昼而假寐。忽梦白云蓊蔚而起，有人衣服并皆毛羽，因名羽人。王梦中与语，问以上仙之术。羽人曰："大王精智未开，欲求长生久视，不可得也。"王跪而请受绝欲之教。羽人乃以指画王心，应手即裂。王乃惊寤，而血湿衿席，因患心疾，即却膳撤乐。移于旬日，忽见所梦者复来，语王曰："先欲易王之心。"乃出方寸绿囊，中有续脉明丸、补血精散，以手摩王之臆，俄而即愈。王即请此药，贮以玉缶[2]，缄以金绳。王以涂足，则飞天地万里之外，如游咫尺之内。有得服之，后天而死。

二十四年。涂修国献青凤、丹鹊各一雌一雄。孟夏之时，凤、鹊皆脱易毛羽。聚鹊翅以为扇，缉凤羽以饰车盖也。扇一名游飘，二名条翮，三名亏光，四名仄影。时东瓯[3]献二女，一名延娟，二名延娱。使二人更摇此扇，侍于王侧，轻风四散，泠然自凉。此二人辩口丽辞，巧善歌笑，步尘上无迹，行日中无影。及昭王沦于汉水，二女与王乘舟，夹拥王身，同溺于水。故江汉之人，到今思之，立祀于江湄。数十年间，人于江汉之上，犹见王与二女乘舟戏于水际。至暮春上巳之日，禊[4]集祠间。或以时鲜甘味，采兰杜包裹，以沉水中。或结五色纱囊盛食，或用金铁之器，并沉水中，以惊蛟龙水虫，使畏之不侵此食也。其水傍号曰招祇之祠。缀青凤之毛为二裘，一名燠质，二名暄肌，服之可以却寒。至厉王流于彘[5]，彘人得而奇之，分裂此裘，遍于彘土。罪入大辟[6]者，抽裘一毫以赎其死，则价直万金。

‖注释‖ 1 祇明之室：祇，指地神。祇明之室即祭祀地神的地方。 2 缶：《说文解字》，“缶，瓦器所以盛酒浆，秦人鼓之以节歌。”缶有两个用途，一是用来装酒，二是当打击乐器使用。 3 东瓯（ōu）：百越之地的一个部落，西汉时期被封为东海国。百越，为先秦时期中原对东南沿海各部落的统称。《史记·东越列传》：“孝惠三年，举高帝时越功，曰闽君摇功多，其民便附，乃立摇为东海王，都东瓯，世俗号为东瓯王。” 4 禊（xì）：修禊的民俗。“三月上巳，临水祓除谓之禊。”每年农历三月初三为上巳节，百姓聚集水边，一起消除不祥，这一活动称之为修禊。 5 彘：彘县，为西周之初的霍国，今山西省霍州市。 6 大辟：死刑。《尚书·吕刑》：“大辟疑赦，其罚千锾。”孔安国解释：“大辟，死刑也。”辟，指的是罪，大辟便是最重的罪，即死刑。

<解说> 西周“中兴之主”——周成王，三十岁出头便去世了。成王之子周康王即位，父子两人为了姬家事业的发展做出了不少努力，像“康乾盛世”一样，西周也有一个“成康之治”。成康之治后，康王之子昭王即位。和父辈不太一样，昭王从小生活在一个幸福的家族里，不用面对前辈人的艰苦

生活。这样的结果就是，昭王责任心不强，国家治理得一塌糊涂，玩性倒是挺大，就是个长不大的孩子。

周昭王曾经生过一场怪病，是在即位的第二十个年头。有一天，昭王正在午睡，忽然梦到了羽人。羽人是飞仙的一种。《楚辞·远游》：“仍羽人于丹丘兮，留不死之旧乡。”汉画像石上也有众多的羽人形象，主要作为飞升的向导，助人成仙。昭王突然想起书上的羽人事迹，就趁机向人家打听怎么成仙，却被羽人嫌弃智力不足，没有仙缘，最重要的是过于贪恋世俗的权力、美色。昭王顺着羽人的话问道：“那我怎么才能做到超脱世俗呢？”羽人不说话，只拿手指了指昭王的心。接触的瞬间，昭王心裂，也从梦中惊醒。一看，床榻上全是血，昭王当场惊吓过度，患上了心病。

病了之后，昭王按照羽人所说，断情绝欲，收敛了不少，吃喝玩乐也没有以前频繁。大概经过半个月的考察，羽人觉得“孺子可教”，便送了些丹药让昭王服下，又在昭王心口处摩蹭了几下，心病就治好了。羽人送的丹药太多，放得久了估计会发霉，扔在那儿也浪费，所以昭王突发奇想，把丹药抹在脚底。突然，身体变得轻飘飘，发现自己可以御风而行了。

周昭王有两名得宠的美人，专门负责给昭王摇扇。之所以说她们得宠，在于所用的四把羽扇——游飘、条翮、亏光、仄影。昭王二十四年，涂修国进献了两对神鸟，一对青凤，一对丹鹊。夏天，到了神鸟脱毛的季节。恰逢东瓯送了两位美人来，顾盼生姿，昭王随即命人把丹鹊落下的羽毛制成扇子，送给美人。更为珍贵的凤羽，则做成了两件裘衣——燠质和暄肌，成为皇室专用保暖驱寒之物，价值万金。

作为君主，周昭王死得有些凄惨。《竹书纪年》：“昭王末年，夜清，五色光贯紫微，其王南巡不返。” 南巡指周昭王率军伐楚，结果全军覆没，昭王自己命丧汉水。《史记·周本纪》：“昭王南巡狩不返，卒于江上。”秉持“为尊者讳”的原则，周人一般用“南巡不返”“昭王不复”指代昭王伐楚丧命汉水一事。

按照中国小说的正常套路，主角一般不会孤独逝去，王嘉就给昭王安排了女主殉情的情节，来吸引读者的眼球。昭王南巡时，两位美人是随行的。等到昭王沉于汉水，美人自然一同沉江，以升华爱情主题。据传，后世百姓专门建立祠堂来纪念三人。或者用兰草把时鲜包裹起来投入河中，或者在五色纱所制的囊中放满食物，或者直接用铁器把食物装好，一起沉入水中，希望用金铁吓退水中的蛟龙，不要吃掉祭品。

卷叁

周穆王

穆王即位三十二年，巡行天下，驭黄金碧玉之车，傍气乘风，起朝阳之岳，自明及晦，穷宇县[1]之表。有书史十人，记其所行之地。又副以瑶华之轮十乘，随王之后，以载其书也。王驭八龙之骏：一名绝地，足不践土；二名翻羽，行越飞禽；三名奔霄，夜行万里；四名越影，逐日而行；五名踰辉，毛色炳耀；六名超光，一形十影；七名腾雾，乘云而奔；八名挟翼，身有肉翅。递而驾焉，按辔徐行，以匝天地之域。王神智远谋，使迹毂遍于四海，故绝异之物，不期而自服焉。

三十六年，王东巡大骑之谷，指春宵宫，集诸方士仙术之要，而螭、鹄、龙、蛇之类，奇种凭空而出。时已将夜，王设长生之灯以自照，一名恒辉。又列璠膏之烛[2]，遍于宫内。又有凤脑之灯。又有冰荷者，出冰壑之中，取此花以覆灯七八尺，不欲使光明远也。西王母乘翠凤之辇而来，前导以文虎、文豹，后列雕麟、紫麇。曳丹玉之履，敷碧蒲之席，黄莞之荐[3]，共玉帐高会。荐清澄琬琰[4]之膏以为酒。又进洞渊红花，嵰州甜雪，昆流素莲，阴岐黑枣，万岁冰桃，千常碧藕，青花白橘。素莲者，一房百子，凌冬而茂。黑枣者，其树百寻，实长二尺，核细而柔，百年一熟。

扶桑东五万里，有磅磄山。上有桃树百围，其花青黑，万岁一实。郁水在磅磄山东，其水小流，在大陂之下，所谓“沉流”，亦名“重泉”。生碧藕，长千常，七尺为常也。条阳山出神蓬，如蒿，长十丈。周初，国人献之，周以为宫柱，所谓“蒿宫”也。中有白橘，花色翠而实白，大如瓜，香闻数里。奏环天之和乐，列以重霄之宝器。器则有岑华镂管，(眑)泽雕钟，员山静瑟，浮瀛羽磬，抚节按歌，万灵皆聚。环天者，钧天也。和，广也。（出《穆天子传》。）岑华，山名也，在西海上，有象竹，截为管吹之，为群凤之鸣。(眑)泽出精铜，可为钟铎。员山，其形员也，有大林，虽疾风震地，而林木不动，以其木为琴瑟，故曰“静瑟”。浮瀛，即瀛洲也。上有青石，可为磬，磬者长一丈，轻若鸿毛，因轻而鸣。西王母与穆王欢歌既毕，乃命驾升云而去。

‖注释‖ 1宇县：宇，指宇宙；县，指各个管辖区域。宇县代指整个天下。 2 璠(fán)膏之烛：璠膏，美玉之脂。璠膏烛，以美玉的油脂作为灯油的烛火。 3 荐：草垫一类的编织品。后文“荐清澄琬琰之膏以为酒”中的“荐”，是进献、祭献的意思。 4琬琰：美玉。《淮南子·说山训》：“琬琰之玉，在洿泥之中。”

<解说> 周昭王南巡不返，其子姬满即位。《史记·周本纪》：“穆王即位，春秋已五十矣。”周穆王即位的时候已经五十岁高龄，在古代算是长寿了。可能是年纪大了，没有拼劲儿，穆王既不关心国事，也不喜欢美女，就爱出去度假旅游，提前进入退休状态。

既然是君王出行，阵仗一定要盛大，要突出“我有钱，我有权，我任性”。《左传·昭公十三年》：“昔穆王欲肆其心，周行天下，将皆必有车辙马迹焉。”光是负责拉车的骏马就有八匹，各个不凡：足不践地的绝地，疾于飞禽的翻羽，夜行万里的奔霄，逐日而行的越影，毛色耀如星辉的踰辉，如影随形的超光，乘云而奔的腾雾，身有肉翅的挟翼。八匹骏马带着穆王，纵横驰骋于天地间，踏遍周朝的每一寸国土。

穆王此次出游，专门带了十位记录员，主要负责把穆王的衣食住行以及途中的所见所闻记录下来，编辑成册出版。这部书就是《穆天子传》，里面记载着周穆王驾八匹骏马巡游天下之事，是一部西巡史诗巨作。因为纪实性的内容，与后世的起居注差不多，《隋书》《新唐书》都将其划归于“起居注类”条目下。周穆王借此巡游，震慑了天下子民。

西王母，长生之药的持有者。但最初西王母的形象却是很狰狞吓人的，《山海经·西山经》：“其状如人，豹尾虎齿而善啸，蓬发戴胜，是司天之厉及五残。”西王母负责驱除灾异、厉鬼。

随着道教的传入，西王母跟伏羲等人一样，加入道教组织，转变为神仙形象，受众人膜拜。自人知生死开始，长生一直是大家的终极追求，上自帝王，下至平民，趋之若鹜，周穆王也不例外。他还是西王母的忠实粉丝，巡游天下之时，专门提着礼物去拜见西王母。这件事记载于《穆天子传》的第三卷，“吉日甲子，天子宾于西王母。乃执白圭玄璧以见西王母”。本来以为见女神一面已经是中头奖了，没想到女神还邀请自己与她共进晚餐，吃完还去唱歌，穆王可高兴坏了，绝对是人生赢家。

与《穆天子传》不同，《拾遗记》说周穆王东巡之时，西王母亲自降临与其相见，还给穆王准备了好多礼物。首先是碧藕。扶桑之东五万里有一座磅磄山，郁水发源于此，流向大陂之下，变成了沉流，也叫重泉。重泉之中生长的便是碧藕，长千常（一常是七尺）。其次是嵰州甜雪。《太平御览》卷十二：“嵰州甜雪……嵰州去玉门三十万里，地多寒，雪霜露著木石之上，皆融而甘，可以为果也。”嵰州之地的雪可以当糖果吃。此外还有凌冬而茂的素莲、百年一熟的黑枣、万年结果的冰桃，粉丝福利特别好。

周穆王为了给女神留下好印象，专门请出皇家乐队为西王母演奏，钟、管、瑟、磬纷纷上场。这些乐器的来历可不小。岑华镂管——在西海之滨，有岑华山，用此山上的竹子所作的管笛，可以吹出凤鸣之声；(𬀩)泽雕钟——(𬀩)泽之地，专产精铜，是制作钟的绝佳材料；员山静瑟——员山的树木在风雨雷震之时，不会受其影响而摇动，以此木为瑟，音质绝伦；浮瀛羽磬——瀛洲之地，上有青石，以其作磬，轻若鸿毛。

这次会面进行得非常顺利愉快，西王母宴会结束后便腾云回昆仑山了。

鲁僖公

僖公十四年[1]，晋文公焚林以求介之推。有白鸦绕烟而噪，或集之推之侧，火不能焚。晋人嘉之才，起一高台，名曰思烟台。种仁寿木，木似柏而枝长柔软，其花堪食，故《吕氏春秋》云：“木之美者，有仁寿之华焉。”[2]即此是也。或云戒所焚之山数百里居人不得设网罗，呼曰“仁乌”。俗亦谓乌白臆者为慈乌，则其类也。

‖注释‖ 1 实为鲁僖公二十四年　2《吕氏春秋·孝行览》：“菜之美者：昆仑之苹，寿木之华。”

<解说> 寒食节的来历，众所周知，源于纪念介子推。鲁僖公二十四年，晋文公为了请介子推出山，听了别人的馊主意，放火烧山，不想却将介子推母子烧死在绵山中。

介子推的故事演变到魏晋时期，已经增加了不少元素。相传晋文公放火烧山之时，白鸦聚集在介子推身边，保其不被火烧。晋人为纪念介子推，专门建造了思烟台，还把仁寿木移植过来。

仁寿木，长于昆仑仙山，吃了其果实可以长生不死，以此得名。《拾遗记》引用《吕氏春秋》：“木之美者，有仁寿之华焉。”一句，实为《吕氏春秋·孝行览》所言：“菜之美者：昆仑之苹，寿木之华。”晋国民俗规定，介子推被焚之山的方圆百里，不可以设置罗网，只为纪念当年保护介子推的那群“仁乌”。

周灵王

周灵王立二十一年，孔子生于鲁襄公之世。夜有二苍龙自天而下，来附徵在之房，因梦而生夫子。有二神女，擎香露于空中而来，以沐浴徵在。天帝下奏钧天之乐，列以颜氏之房。空中有声，言天感生圣子，故降以和乐笙镛[1]之音，异于俗世也。又有五老列于徵在之庭，则五星之精也。夫子未生时，有麟吐玉书于阙里人家，文云："水精之子，系衰周而素王[2]。"故二龙绕室，五星降庭。徵在贤明，知为神异，乃以绣绂系麟角，信宿而麟去。相者云："夫子系殷汤，水德而素王。"至敬王之末，鲁定公二十四年，鲁人锄商田于大泽，得麟，以示夫子，系角之绂，尚犹在焉。夫子知命之将终，乃抱麟解绂，涕泗滂沱。且麟出之时，及解绂之岁，垂百年矣。

‖注释‖ 1 镛（yōng）：《说文解字》："大钟谓之镛。"奏乐时，主要负责节拍的大钟。 2 素王：有王者之道但无王者之位的人。

<解说> 孔子，儒家学派的创始人，被后人称为万世师表。在古书记载中，所谓的圣贤名人，都会被赋予传奇的身世，孔子自然也不例外。按照《史记·孔子世家》记载：孔子生于鲁襄公二十二年，历经襄、昭、定、哀四世，其间周游列国十三年，传讲儒家学说，卒于鲁哀公十六年。

“其先宋人也，曰孔防叔。防叔生伯夏，伯夏生叔梁纥。纥与颜氏女野合而生孔子，祷于尼丘得孔子，鲁襄公二十二年而孔子生。”孔子的先祖是宋国人，宋人孔防叔生伯夏，伯夏生叔梁纥，也就是孔子的父亲。叔梁纥年迈却没有儿子，就与颜氏之女徵在于尼丘之地祈祷上天求子，最后生下了孔子仲尼。

史书中关于孔子的出生，仅此一些。但到了《拾遗记》中，王嘉在以往史书的基础上加以渲染，将故事描述得更为细致。

孔子出生之夜，徵在做了一场梦，真真假假，实在难辨。梦中，苍龙降临到了徵在的房间，两位神女踏香而来，亲自侍奉徵在沐浴。天帝命人在房中罗列好笙瑟，一齐奏响钧天之乐，说是要庆祝圣人的降生。

而孔子出生之前，坊间曾流传麒麟吐玉书一事，书上写有“水精之子，系衰周而素王”。称孔子为素王，是水精之子，并非凡人。何为素王？有王者之道但无王者之位之人。颜徵在觉得是祥瑞之兆，自己见的可是神兽麒麟，就将随身的绣带系在了麒麟角上。后世用“绂麟”一词来贺祝生辰，即源于此。

鲁定公二十四年，无名路人在锄地时偶然看到了麒麟，当年徵在所系的绣带还在麟角上。孔子看到后，知道自己命不久矣。但依据《史记·孔子世家》：“鲁哀公十四年春，狩大野。叔孙氏车子钼商获兽，以为不祥。仲尼视之，曰：‘麟也。’取之。曰：‘河不出图，洛不出书，吾已矣夫！’”获麒麟一事应当在鲁哀公十四年。

二十三年，起“昆昭”之台，亦名“宣昭”。聚天下异木神工，得崿谷[1]阴生之树，其树千寻，文理盘错，以此一树，而台用足焉。大干为桁栋[2]，小枝为栭桷[3]。其木有龙蛇百兽之形。又筛水精以为泥。台高百丈，升之以望云色。时有苌弘，能招致神异。王乃登台，望云气蓊郁，忽见二人乘云而至，须发皆黄，非谣俗之类也。乘游龙飞凤之辇，驾以青螭。其衣皆缝缉毛羽也。王即迎之上席。时天下大旱，地裂木燃。一人先唱：“能为雪霜。”引气一喷，则云起雪飞，坐者皆凛然，宫中池井，坚冰可瑑[4]。又设狐腋素裘、紫罴文褥，罴褥是西

域所献也，施于台上，坐者皆温。又有一人唱："能使即席为炎。"乃以指弹席上，而暄风入室，裘褥皆弃于台下。时有容成子[5]谏曰："大王以天下为家，而染异术，使变夏改寒，以诬百姓，文、武、周公之所不取也。"王乃疏苌弘而求正谏之士。时异方贡玉人、石镜，此石色白如月，照面如雪，谓之"月镜"。有玉人，机戾自能转动，苌弘言于王曰："圣德所招也。"故周人以苌弘幸媚而杀之，流血成石，或言成碧，不见其尸矣。

有韩房者，自渠胥国来，献玉骆驼高五尺，虎魄凤凰高六尺，火齐镜广三尺，暗中视物如昼，向镜语，则镜中影应声而答。韩房身长一丈，垂发至膝，以丹砂画左右手如日月盈缺之势，可照百余步。周人见之，如神明矣。灵王末年，亦不知所在。

‖注释‖ 1 崿谷：今之崿河，为黄河的支流，位于山西省乡宁县。 2 桁栋（héng dòng）：房梁上的横木。《玉篇》："屋桁，屋横木也。" 3 栭桷（ér jué）：栭，支撑大梁的方木。桷，方形的椽子，与桁栋相交。 4 瑑：雕刻。 5 容成子：传说中黄帝的大臣，负责历法工作。《列仙传》："容成公，自称黄帝师，见于周穆王。"

<解说> 自西周末年开始，周王室就不顶用了，权力越来越小，威信人品也败光了。诸侯各个嚣张得不行，谁拦我就是找打，都有个王者之梦，"我要当天下的王！"历代周天子也是没辙，虽然没有能力，但老姬家的江山还是要死守着。

周灵王在位第二十三年，适逢天下大旱，周灵王不想着处理国家灾情，召开发布会稳定民心，偏偏听了苌弘的鬼点子，下令建造昆昭台。

苌弘是个什么人呢？《淮南子·氾论训》："昔者苌弘，周室之执数者也，天地之气，日月之行，风雨之变，律历之数，无所不通，然而不能自知，车裂而死。"阴阳律历，无所不通，可以随时为灵王解决难题。建造昆昭台就是苌弘的主意。

周灵王召集了全天下的能工巧匠，前往崿谷寻得了稀有的阴生之树，用这种树来建造昆昭台。阴生树高千寻，一寻相当于现在的 6 至 8 米，树脉纹理错综复杂，当时人臆想成龙蛇百兽之形。建造昆昭台，一棵阴生树就足够了。建成之后，苌弘邀灵王一同登上百丈之高的昆昭台，忽然远远地看到两位黄毛“仙人”驾着龙凤双辇，乘云而至。

一位仙人说：“我可以降霜雪。”口吐真气，即刻飞雪漫天，又随手一挥，灵王的身上出现了狐腋素裘。另一位仙人说：“我能让席子变热。”在座的容成子看到两位仙人的表演后，觉得不太对劲，对灵王说：“两位仙人的法术有点奇怪啊，大王应当以天下为重，你看看现在天下大旱，庄稼都死得差不多了。如果您整天光听苌弘的话，沾染了这些邪术，随意变换四季，百姓真的没法活了。”

容成子的话还是起了效果的，周灵王一段时间都没搭理苌弘。苌弘知道自己被嫌弃了，仍然死心不改，一味地想办法谄媚灵王。

有一次属国进贡了一个“玉人”和月镜。这个“玉人”简直就是个机器人，能够自己行动。本来只是一个简单的进贡，苌弘非要多嘴说一句：“这全是因为大王的圣德。”这下好了，苌弘彻底把容成子惹毛了，选了一天把苌弘秘密处决了。

灵王之世，并非只有谄媚的苌弘，还有颇多的神人。

第一个就要数韩房，韩房不是周朝本土人士，而是渠胥国派去进献贡品的使者。韩房进献的珍宝有玉骆驼、凤凰，最厉害、最有趣的当属火齐镜。晚上黑灯瞎火的时候看镜子，自带灯光；寂寞时跟镜子说话，镜子会有所回应。再看韩房，此人身长一丈，留着及膝的长发，双手中有用丹砂画的日月之形，星光熠熠，可以当手电筒使。皇城根下的百姓看到韩房手上发出了圣光，还以为是哪位神仙下凡了。

师旷者，或出于晋灵之世，以主乐官，妙辨音律，撰兵书万篇。时人莫知其原裔，出没难详也。晋平公之时，以阴阳之学显于当世。熏目为瞽人[1]，以绝塞众虑，专心于星算音律之中。考钟吕以定四时，无毫厘之异。《春秋》不记师旷出何帝之时。旷知命欲终，乃述《宝符》百卷。至战国分争，其书灭绝矣。

晋平公使师旷奏清徵，师旷曰：“清徵不如清角也。”

公曰："清角可得闻乎？"师旷曰："君德薄，不足听之；听之，将恐败。"公曰："寡人老矣，所好者音，愿遂听之！"师旷不得已而鼓。一奏之，有云从西北方起；再奏之，大风至，大雨随之，掣帷幕，破俎豆[2]，堕廊瓦。坐者散走，平公恐惧，伏于廊室。晋国大旱，赤地三年。平公之身遂病。

‖注释‖ 1 瞽（gǔ）人：无目曰瞽，瞽人也就是盲人。 2 俎（zǔ）豆：古代祭祀、宴飨时用于盛放食物的器具，可引申为祭祀之意。《后汉书·祭遵传》："虽在军旅，不忘俎豆。"

<解说> 琴师师旷，晋灵公之世担任国家的首席乐官，掌管音律，还精通阴阳学。

盲人因为视觉障碍，听觉神经比一般人要灵敏很多。师旷觉得自己的琴艺需要提升到更高的水平，于是以超人的意志把自己的眼睛熏瞎了。这样一来，少了外物的干扰，便能专心做音乐了。师旷整日专注于音律的校准考定工作，希望为国家的音乐事业做出贡献，音律水平登峰造极。

《拾遗记》说师旷有《宝符》流传于世，战国时期绝迹了。但先秦古籍中从未出现过《宝符》，更不用说百卷了，应当是后世的讹传，或者说是王嘉自己增添的小细节。

有一天，晋平公有客人来访，就让师旷上场表演，想听清徵之曲，也就是清澄的徵音，能够让人心平静下来。师旷当面拒绝了。晋平公没办法，那换个清角曲吧。师旷再次当面拒绝。晋平公纳闷，这乐师傲得不行啊，竟然一次次拒绝我，怎么回事？平公预想了所有的答案，万万没想到，师旷说平公德行不够，一下把平公惹毛了。"别说这些有的没的，赶紧弹！"

师旷推不过，便现场演奏，名场面也就诞生了。琴声一起，西北方乌云骤起；再奏，风雨皆至，房梁都在晃动。这种情况把客人吓得半死，晋平公连忙喊停。师旷默不作声，心里嘟囔，"不是你自己要听的吗，还怪我……"平公受了惊吓，大病一场，晋国也大旱了三年。

老聃在周之末，居反景日室之山，与世人绝迹。惟有黄发老叟五人，或乘鸿鹤，或衣羽毛，耳出于顶，瞳子皆方，面色玉洁，手握青筠[1]之杖，与聃共谈天地之数。及聃退迹为柱下史[2]，求天下服道之术，四海名士，莫不争至。五老即五方之精也。

浮提之国，献神通善书二人，乍老乍少，隐形则出影，闻声则藏形。出肘间金壶四寸，上有五龙之检，封以青泥。壶中有黑汁如淳漆，洒地及石，皆成篆隶科斗之字。记造化人伦之始，佐老子撰《道德经》垂十万言。写以玉牒，编以金绳，贮以玉函。昼夜精勤，形劳神倦。及金壶汁尽，二人剜心沥血，以代墨焉。递钻脑骨取髓，代为膏烛。及髓血皆竭，探怀中玉管，中有丹药之屑，以涂其身，骨乃如故。老子曰："更除其繁紊，存五千言。"及至经成工毕，二人亦不知所往。

‖注释‖ 1青筠：《广韵》，"筠，竹皮之美质也。"青筠杖，竹中精品所制的拐杖。 2柱下史：周朝的官职，主要负责国家的图书工作。

<解说> 《史记·老子韩非列传》记载：老子走到函谷关的时候，被函谷关令尹喜拦了下来。在周朝当了这么久的官，想走可没那么容易，就提了个小要求："子将隐矣，强为我著书。"想让老子留点东西再走。老子想了想，把五千言的《道德经》一甩，便隐退于山间了。

就算是史书，有时为了人物形象的塑造，也会有夸张描写。老子写《道德经》绝非一时一日之事，定是经过深思熟虑，将自己对国家兴衰之感、世间万物之想注入其中，后世为彰显圣贤之人的形象，才将其事迹进行神话化的改写。王嘉也加入了改写的队伍。其一，老子的博学多识源于师傅；其二，《道德经》的创作离不开助手。

老子居住在反景日室山。在那里，老子见到了自己的五位师傅。师傅大有来头，是五方天神所化。有的耳朵长在头顶，有的瞳孔是方形，一个个面若白玉。平日里要么乘鸿鹄，要么着羽衣。老子跟着师傅，日子过得优哉游哉。师徒几人整日谈天说地，师傅将自己所知道的传授给了徒弟，徒弟也积极学习各种典籍。就是在这种学习环境下，老子成了博学多识之人，也为《道德经》的创作奠定了知识基础。

助手又是谁呢？

老子的两位助手来自浮提国，平日里容颜忽老忽少，会隐身绝技。初来周朝时，二人进献了一个金壶，上面画有龙的图案，壶口用青泥封印着。等到展示宝物的时候，二人将青泥启封，提着壶开始往地上倒东西。旁边的人也是一愣，这是要干吗？等会还要打扫卫生……只见，壶里的黑汁在接触地面的瞬间，幻化成篆隶文字。老子将这些字拼凑起来，发现记载的竟然是上古创世之事。

周灵王觉得二人精通史事，可以从事古籍整理编修工作，就让他们协助老子完成“国家级重大项目《道德经》”。二人接下任务后，夜以继日地工作。金壶里的黑汁很快用尽了，二人刳心沥血，以之代墨，取骨血作蜡烛。

就在老子心疼得不行，实在看不下去的时候，二人淡定地拿出膏药往身上乱抹一通，之前的伤口全好了。可把老子惊到了。所有资料整理完后，老子一看，这也太多了，删点吧！最后只留下五千言，编辑成《道德经》。等到庆功的时候，两位助手突然不见踪迹，死活都找不到，再也没有出现过。

师涓出于卫灵公之世，能写列代之乐，善造新曲以代古声，故有四时之乐，亦有奇丽宝器。春有离鸿去雁应苹之歌，夏有明晨焦泉朱华流金之调，秋有商风白云落叶吹蓬之曲，冬有凝河流阴沉云之操。以此四时之声，奏于灵公。灵公情湎心惑，忘于政事。蘧伯玉趋阶而谏曰：“此虽以发扬气律，终为沉湎淫曼之音，无合于《风》《雅》，非下臣宜荐于君也。”灵公乃去其声而亲政务，故卫人美其化焉。师涓悔其乖[1]于《雅》《颂》[2]，失为臣之道，乃退而隐迹。蘧伯玉焚其乐器于九达之衢[3]，恐后世传造焉。

‖注释‖ 1乖：违背。 2《雅》《颂》：《诗经》的一部分。《毛诗序》：“雅者，正也，言王政之所由废兴也。政有大小，故有小雅焉，有大雅焉。”《诗经》有《大雅》和《小雅》，主要是宴飨、朝会之乐，从中可见国家政治。“颂者，美盛德之形容，以其成功告于神明者也。”《诗经》有《周颂》《鲁颂》《商颂》，主要是祭祀用乐。 3九达之衢（qú）：纵横交错的大道。《楚辞·天问》：“靡蓱九衢，枲华安居。”王逸注：“九交道曰衢。”

<解说> 师涓，卫国的国家级乐师，他也擅长音律，琴艺超群，和师延、师旷是同行。

师涓就不像师旷那么稳重高冷，总是喜欢在人前出头炫技，好不容易争取到了在卫灵公面前表现的机会，他专门依据四时创作了不同的音乐，演奏给灵公听。《韩非子·十过》中记载：师涓曾跟随卫灵公前往晋国，二人途中偶然听到了十分新奇的音乐，卫灵公意犹未尽。有眼色的师涓在一夜之间练会了新曲，一大早跑去给灵公表演，博得了卫灵公的欢心。

师旷与师涓，两位乐界高手的史诗性会面，就在晋国。

在宴会上，师涓积极地上台演奏刚学的新曲，在场的各位也听得特别开心。就在这时，师旷当场打断了演奏，“你这弹的是靡靡之音，可是要亡国的。”自己带来的人本来表演得好好的，突然被打断，卫灵公觉得自己丢了面子，心情就不太好，直接把师旷的话当耳旁风，让师涓继续演奏。卫国的随行大臣蘧伯玉，看着场面有些紧张、尴尬，就偷偷跟灵公说：“虽然师涓的琴声很悦耳，但终究不同于《风》《雅》这样的正乐，还是少听为妙。况且今天是这么严肃的场合，确实不太好。”

好吧，灵公自己生闷气，闭嘴不说了。几天后回国，灵公突然想通了，决定专心于国事，便命人把师涓所用的乐器全部焚烧，昭告世人：远离娱乐，健康你我他。再看师涓，自觉实在愧为人臣，还不是一位合格的乐师，就隐迹了。

宋景公之世，有善星文者，许以上大夫之位，处于层楼延阁之上，以望气象。设以珍食，施以宝衣。其食则有渠沧之凫[1]，煎以桂髓；从庭之鷃，蒸以蜜沫；淇漳之鳢[2]，脯以青茄；九江珠穟，爨[3]以兰苏；华清夏洁，洒以纤缟。华清，井水之澄华也。饔人[4]视时而叩钟，伺食以击磬，言每食而辄击钟磬也。悬四时之衣，春夏以金玉为饰，秋冬以翡翠为温。烧异香于台上。忽有野人，被草负笈，扣门而进，曰：“闻国君爱阴阳之术，好象纬之秘，请见！”景公乃延之崇堂。语则及未来之兆，次及已往之事，万不失一。夜则观星望气，昼则执算披图，不服宝衣，不甘奇食。景公谢曰：“今宋国丧乱，微君何以辅之？”曰：“德之不均，乱将及矣。修德以来人，则天应之祥，人美其化。”景公曰：“善。”遂赐姓曰子氏，名之曰韦，即子韦也。

‖注释‖ 1凫：野鸭。《广韵》：“凫，水鸭也。”经常栖息在河边。 2鳢（lǐ）：俗称黑鱼，淡水鱼类，生活于浅水区。 3爨（cuàn）：生火做饭。《广雅》：“爨，炊也。” 4饔（yōng）人：古时的厨师。《周礼·天官·内饔》：“凡王之好赐肉脩，则饔人共之。”

<解说> 荧惑守心，按照科学的解释，指火星在心宿内发生了“留”，即土星、火星与天蝎座的“心宿二”连成一条直线，是一种天文现象。最近的一次“荧惑守心”现象，发生在2016年8月24日。但在古人看来，这是灾异、不祥之兆。

《史记·宋微子世家》：“三十七年，楚惠王灭陈。荧惑守心。心，宋之分野也。”分野，指地面上各个国家在天上所对应的星宿区域，那个区域的星象异动，预示着该国的吉凶。宋景公在位时，宋国就遇见过一次“荧惑守心”现象。

突发情况，宋景公不知如何是好，就询问司星官子韦。子韦故意考验景公，劝他把灾祸移给别人，比如相国、百姓等等，景公深觉不妥，“岁饥民困，吾谁为君！”认为这不是德君之行。子韦听到后十分满意，告诉景公，德君所在之地，灾祸很快就会消失的，异象果然很快就消失了。

那么，宋景公是如何发现子韦这个人才的呢？

宋景公之世，宋国经常发生丧乱，景公觉得太闹心了，天天挠头，几个月下来，发际线明显后移。景公发现后，吓坏了，赶紧诏告全国，寻找擅长星象预测之人，来解决现在的紧急情况。待遇是十分丰厚的：

授予大夫官职，有编制，有三险一金；提供住所，表现好的话，直接送房；一日三餐不用担心，顿顿换花样，吃的是渠沧之凫、从庭之鹞、淇漳之鳢、九江珠穟，喝的是华清之水；专人定制衣服，春夏着金玉，秋冬饰翡翠。

求贤的广告就这样发出去了。景公等呀等，一直没人来应聘。有一天，景公正在办公，突然闯进一位蓬头垢面的野人，进门后直奔主题，把自己的求学、工作经历一一道来，又给景公上了一堂历史课。景公觉得此人不错，继续问实际性问题：“如今宋国祸乱不断，如果是你，你会怎么办？”“首先君主您要修身修德，然后带领我们一起面对困难。”就这样，子韦留在了景公身边，成了景公的得力助手。

越谋灭吴，蓄天下奇宝、美人、异味进于吴。杀三牲以祈天地，杀龙蛇以祠川岳。矫以江南亿万户民，输吴为佣保[1]。越又有美女二人，一名夷光，二名修明，（即西施、郑旦之别名。）以贡于吴。吴处以椒华之房[2]，贯细珠为帘幌，朝下以蔽景，夕卷以待月。二人当轩并坐，理镜靓妆于珠幌之内。窃窥者莫不动心惊魄，谓之神人。吴王妖惑忘政。及越兵入国，乃抱二女以逃吴苑。越军乱入，见二女在树下，皆言神女，望而不敢侵。今吴城蛇门内有朽株，尚为祠神女之处。初，越王入吴国，有丹乌夹王而飞，故勾践之霸也，起望乌台，言丹乌之异也。

范蠡相越，日致千金。家童闲算术者万人。收四海难得之货，盈积于越都，以为器。铜铁之类，积如山阜，或藏之井堑[3]，谓之“宝井”。奇容丽色，溢于闺房，谓之“游宫”。历古以来，未之有也。

‖注释‖　1 佣保：雇佣的工人。　2 椒华之房：即椒房。颜师古：“椒房殿名，皇后所居也，以椒和泥涂壁，取其温而芳也。”用椒和泥涂抹墙壁，房间温暖而且芳香。　3 堑（qiàn）：沟壕。

<解说>　“卧薪尝胆”的典故，造就了越王勾践的楷模形象，也一直存在于语文课本中。吃了苦头，才会记住教训，勾践就是典型代表。

越王勾践即位第三年，无论是心性还是势力都不够稳，急匆匆地非要去打吴国，结果落得个兵败求和的下场，惨兮兮。

求和也是要找门路的，送再多的土地、美女、珠宝，吴王不要，都是白搭，还是要来打你。怎么办呢？文种给出了个主意。《史记·越王勾践世家》：“吴太宰嚭贪，可诱以利，请间行言之。”吴国的太宰嚭，贪财好色，只要把他收买了，一切都好说。于是，勾践将大量的美女和金银珠宝通通送给太宰嚭。拿人钱财，替人办事，有了太宰嚭在吴王面前说话，越国这个国家算是保住了。

几年后，勾践重振旗鼓，打算一雪前耻，召集队友文种和范蠡，开始了他的灭吴大计，使用了屡试不爽的美人计。西施和郑旦，《拾遗记》称为夷光和修明，勾践将两位美人进献给吴王。果不其然，吴王整日留恋于美色，无心朝政。等到越军压境，吴王才发现，可惜一切都晚了。

相传，勾践成功入吴，还有丹乌为其指路。为此，勾践把丹乌列为珍稀动物保护起来，还修建望乌台以表其功。

范蠡本是楚国人，因平民出身，无法为官，便前往越国找工作。没想到在越国一战成名，帮助越王成功灭吴，一雪前耻。谁曾想，范蠡最后选择辞官隐居了。《吴越春秋·勾践伐吴外传》："乃乘扁舟，出三江，入五湖，人莫知其所适。"其实是迁居到了陶丘，决定实现自己从小就有的经商梦。作为中国早期的商业理论家，范蠡的经商头脑绝对超人。据说当时，范蠡家中日进千金，金银珠宝堆砌成山，很快荣登首富的宝座。这也就是范蠡"陶朱公"之称的来历。

卷肆

燕昭王

王即位二年，广延国来献善舞者二人：一名旋娟，一名提谟，并玉质凝肤，体轻气馥，绰约而窈窕，绝古无伦。或行无迹影，或积年不饥。昭王处以单绡华幄[1]，饮以瑞珉[2]之膏，饴以丹泉之粟。王登崇霞之台，乃召二人来侧，时香风欻起，二人徘徊翔转，殆不自支。王以缨缕拂之，二人皆舞。容冶妖丽，靡于鸾翔，而歌声轻扬。乃使女伶[3]代唱其曲，清响流韵，虽飘梁动木，未足嘉也。其舞一名萦尘，言其体轻与尘相乱；次曰集羽，言其婉转若羽毛之从风；末曰旋怀，言其支体缠曼，若入怀袖也。乃设麟文之席，散荃芜之香。香出波弋国，浸地则土石皆香，着朽木腐草，莫不郁茂，以熏枯骨，则肌肉皆生。以屑喷地，厚四五寸，使二女舞其上，弥日无迹，体轻故也。时有白鸾孤翔，衔千茎穟。穟于空中自生，花实落地，则生根叶。一岁百获，一茎满车，故曰"盈车嘉穟"。麟文者，错杂宝以饰席也，皆为云霞麟凤之状。昭王复以衣袖麾之，舞者皆止。昭王知其神异，处于崇霞之台，设枕席以寝宴，遣侍人以卫之。王好神仙之术，故玄天之女，托形作此二人。昭王之末，莫知所在。或云游于汉江，或伊洛之滨。

‖注释‖ 1幄：帷幕、帐幕。 2瑌珉（ruǎn mín）：长相好看的石头，仅次于玉。《礼记·玉藻》："士佩瑌玟，石次玉者。""瑌玟"即瑌珉，士阶层的专属佩戴品。 3女伶：古时表演乐舞、杂戏的人员称为优伶，男为优，女为伶。

<解说> 燕昭王，燕国的第三十九任国君。可怜的娃，从小被送到韩国当人质，过着寄人篱下的生活。直到燕国内乱，托赵武灵王的福，才把燕昭王安全送回燕国即位。《史记·燕召公世家》："燕昭王于破燕之后即位，卑身厚币以招贤者。"从小的不易生活，让燕昭王的性情异常稳重，即位后励精图治，不断推进国家建设进程，是仁君的标杆。但王嘉塑造了全新的燕昭王形象。

坊间流传，燕昭王痴迷神仙之术，还被九天玄女知道了。为了圆燕昭王一个梦，九天玄女化身为凡间女子，降临到广延国。

燕昭王在位第二年，广延国进献了两位舞女——旋娟、提谟，为九天玄女所化。美人的标配：肤如凝脂，体态妙曼，美艳绝伦。二人时而行走间不见身影，不食不饥。昭王为其布置精美的纱帐，赐予她们玉石上所生的露水和丹泉浇灌而长成的食物。还特意让二人在崇霞台上起舞，舞动间宛若鸿毛飘过，身轻如燕，亦有悠扬的歌声响起。昭王命歌女为二人伴唱，余音绕梁，不绝于耳。二人所跳之舞，名为《萦尘》《集羽》《旋怀》，皆由其舞姿而得名，时如飞尘一般轻盈，又似翎羽那般随风飘动，腰肢柔软仿佛可旋入衣袖。昭王日日沉迷于其中，渐渐深知舞女的神异珍贵，便专门派侍卫保护二人。

其间，波弋国进献了荃芜香。荃芜，也就是香草。《离骚》有"荃不察余之中情兮"，这里以"荃"比喻国君，后来又用"荃宰"比喻君臣。荃芜香的独特之处在于，能够化腐草为绿，使肌骨重生。昭王不以为然，竟将荃芜香撒在了麟文席上，铺在地上，有四五寸那么厚，让两位舞女在上面跳舞。二人身姿本就轻盈，跳了许久，香粉上也不见二人的足迹。这时，只见昭王一挥衣袖，二人立刻停下。这便是麟文席的神奇之处，上面还绘有麒麟、凤凰、彩云的图案，极尽精美奢华。而九天玄女所化舞女，在昭王末世不见踪迹，有人说在汉江曾见过二人，亦有人言其时常游于伊水、洛水之畔，皆是世人的传言罢了。

四年，王居正寝，召其臣甘需曰："寡人志于仙道，欲学长生久视之法，可得遂乎？"需曰："臣游昆台之山，见有垂白之叟，宛若少童，貌如冰雪，形如处子，血清骨劲，肤实肠轻，乃历蓬、瀛而超碧海，经涉升降，游往无穷，此为上仙之人也。盖能去滞欲而离嗜爱，洗神灭念，常游于太极之门。今大王以妖容惑目，美味爽口，列女成群，迷心动虑，所爱之容，恐不及玉，纤腰皓齿，患不如神；而欲却老云游，何异操圭爵[1]以量沧海，执毫厘而回日月，其可得乎！”昭王乃彻色减味，居乎正寝，赐甘需羽衣一袭，表其墟为“明真里”也。

‖注释‖ 1圭爵：圭，古代用于祭祀、宴飨、丧葬场合的礼器之一，上为半圆形，下为长方形。爵，古代的三足酒杯。不同身份、不同等级的人所用的礼器是有严格规定的。

＜解说＞ 昭王想要修习长生之术，就问大臣甘需会不会。甘需可是个高智商、高情商的大臣，虽然不太懂，但借此机会给昭王上了一堂政治教育课。

甘需老师这就来给你讲故事：

“大王，我之前去昆台山云游，在那儿碰上了上仙，长得跟少童一样，整日在蓬莱、瀛洲、方丈之间晃荡。我就去问上仙修道之事。上仙说，修道很简单，只要去除凡尘俗世的各种欲望，保持心神清澄，就能够成仙。但王上您现在，嗯……似乎有点贪于口食之欲，这是没办法成仙的。”

昭王听了之后，立马懂了，决心杜绝一切娱乐活动，努力做到清心寡欲。燕昭王最后有没有成仙不知道，这段修仙趣事倒是被唐末五代的志怪小说《仙传拾遗》完全继承了下来。

七年，沐胥之国来朝，则申毒国之一名也。有道术人名尸罗。问其年，云：“百三十岁。”荷锡持瓶，云：“发其国五年乃至燕都。”善衒惑之术。于其指端出浮屠[1]十层，高三尺，及诸天神仙，巧丽特绝。人皆长五六分，列幢盖，鼓舞，绕塔而行，歌唱之音，如真人矣。尸罗喷水为雰雾，暗数里间。俄而复吹为疾风，雰雾皆止。又吹指上浮屠，渐入云里。又于左耳出青龙，右耳出白虎。始入之时，才一二寸，稍至八九尺。俄而风至云起，即以一手挥之，即龙虎皆入耳中。又张口向日，则见人乘羽盖，驾螭、鹄，直入于口内。复以手抑胸上，而闻怀袖之中，轰轰雷声。更张口，则向见羽盖、螭、鹄相随从口中而出。尸罗常坐日中，渐渐觉其形小，或化为老叟，或为婴儿，倏忽而死，香气盈室，时有清风来吹之，更生如向之形。咒术衒惑，神怪无穷。

八年，卢扶国来朝，渡河万里方至。云其国中山川无恶禽兽，水不扬波，风不折木。人皆寿三百岁，结草为衣，是谓卉服。至死不老，咸知孝让。寿登百岁以上，相敬如至亲之礼。死葬于野外，以香木灵草瘗[2]掩其尸。闾里[3]助送，号泣之音，动于林谷，溪源为之流止，春木为之改色。居丧水浆不入于口，至死者骨为尘埃，然后乃食。昔大禹随山导川，乃旌其地为无老纯孝之国。

‖注释‖ 1浮屠：梵文音译词，佛陀的意思，后用来指代佛塔。佛教也叫浮屠道。 2瘗（yì）：埋葬。 3闾里：一般平民居住的地区，这里指邻里乡亲。

<解说> 尸罗一词，源于梵语，是佛教中的一种戒行，防止弟子作恶。如“尸罗，好行善道”“能平险业，故名尸罗”。《拾遗记》中也有尸罗，但不是一个简单的佛教词。

燕昭王七年，古印度的所属国来燕国觐见，随行的有一位道长，就叫尸罗。尸罗道长官方年龄一百三十岁，专修玄幻之术，时老时少，变幻无穷。

既然来到燕国，那就展示一下自己的专业能力吧，顺便宣传一下，招招生，收收徒弟。表演开始：尸罗道长指尖突然幻化出三尺高的浮屠塔，一共有十层。各路小神仙在塔间飘忽往来，鼓舞歌唱，十分小巧精致。道长接着朝四周喷了口水，空气变得雾气腾腾的；吹一口气，雾气顷刻间散尽；“布鲁布鲁”念了句咒语，从耳朵里钻出青龙白虎，跟大圣的金箍棒一样，可大可小；双手一挥，龙虎就钻回了耳朵。表演结束后，道长获得了全场雷鸣般的掌声，顺带招收了不少弟子。

前面曾说到，冀州之西两万里，有孝让之国，舜帝亲封的。而大禹治水成功后，也亲封了一个纯孝之地，名为卢扶国。

卢扶国的环境特别适合养老，完全可以发展成大型敬老院。国民都是童颜，可以活到三百岁的高龄，不仅有颜，还有德行。按照卢扶国的民俗，死要死得体面，死得高雅。首先要在尸体上撒满香草，让大家香香地入土，葬于山野之中，回归大地母亲的怀抱。而且这个国家的生物似乎有灵性，一旦有人离世，江河湖泊为之静止，山川草木为之改色。为死者服丧的人，在丧期内不能喝水，必须等到死者骨灰化为尘埃。这一点似乎有点不太合乎人性，违背了人道主义原则。但谁让人家是君主亲封的纯孝之国呢，为了国家的形象、名声，大家必须要付出点代价。

九年，昭王思诸神异。有谷将子，学道之人也，言于王曰："西王母将来游，必语虚无之术。"不逾一年，王母果至。与昭王游于燧林之下，说炎帝钻火之术。取绿桂之膏，燃以照夜。忽有飞蛾衔火，状如丹雀，来拂于桂膏之上。此蛾出于员丘之穴。穴洞达九天，中有细珠如流沙，可穿而结，因用为佩，此是神蛾之矢也。蛾凭气饮露，飞不集下，群仙杀此蛾合丹药。西王母与群仙游员丘之上，聚神蛾，以琼筐盛之，使玉童负筐，以游四极，来降燕庭，出此蛾以示昭王。王曰："今乞此蛾以合九转神丹[1]！"王母弗与。

昭王坐握日之台参云，上可扪日[2]。时有黑鸟白头，集王之所，衔洞光之珠，圆径一尺。此珠色黑如漆，悬照于室内，百神不能隐其精灵。此珠出阴泉之底。阴泉在寒山之北，员水之中，言水波常圆转而流也。有黑蚌飞翔，来去于五岳之上。昔黄帝时，务成子[3]游寒山之岭，得黑蚌在高崖之上，故知黑蚌能飞矣。至燕昭王时，有国献于昭王。王取瑶漳之水，洗其沙泥，乃嗟叹曰："自悬日月以来，见黑蚌生珠已八九十遇，此蚌千岁一生珠也。"珠渐轻细。昭王常怀此珠，当隆暑之月，体自轻凉，号曰"销暑招凉之珠"也。

‖ 注释 ‖ 1 九转神丹：道教炼制丹药时有一至九的区别。《抱朴子内篇·金丹》："一转之丹，服之三年得仙。二转之丹，服之二年得仙。三转之丹，服之一年得仙。四转之丹，服之半年得仙。五转之丹，服之百日得仙。六转之丹，服之四十日得仙。七转之丹，服之三十日得仙。八转之丹，服之十日得仙。九转之丹，服之三日得仙。”九转金丹工序最为复杂，费时最多，炼制最久，故而最为珍贵。 2扪（mén）日：用手能摸到太阳。 3务成子：虞舜的师父，道教的代表人物。《荀子·大略》：“姚舜拜师务成子。”

<解说> 和周穆王一样，昭王也等来了西王母。二人从钻木取火的炎黄之世一直聊到今日之世。钻木取火，是燧人氏的发明专利，《三坟》：“燧人氏教人炮食，钻木取火。”

燕昭王以为西王母会教自己一些长生之法，至少也应该是些小法术，没想到上了一天的历史课，听着听着就开始打盹。最后实在坚持不下去了，就冒着大不敬打断西王母：“您要不休息一下？”女神瞥了一眼昭王，心里叹了口气，不听就不听，算了，让你见识见识仙家的宝贝——员丘神蛾。

员丘，晋陶潜《读山海经》诗云：“赤泉给我饮，员丘足我粮。”柳宗元《天对》又有：“员丘之国，身民后死。”可见，员丘是一个世外仙居，此地的人能够长生。员丘有一个直通九天的洞穴，神蛾的聚居地就在这黑灯瞎火的地方。神蛾吸风饮露，想着自己修炼，得道成个仙啥的。计划是好的，但赶不上变化。坏就坏在群仙喜欢瞎逛，一逛就发现了神蛾，二话不说直接扔进丹炉里炼药了。小小的修仙梦就这样破灭了，神蛾从此就成了炼丹的原材料。

西王母对燕昭王说：“这次我们神游到员丘，顺便又去抓了些，你可以看看。”昭王嘟囔：“就只让我看看，不送我点吗？或者直接送我丹药也行，我不嫌弃。”昭王死缠烂打，但是西王母女神态度坚决，仙丹不能随便送人，昭王没办法只能放弃。

昭王求仙丹未果，回屋抱着自己的“黑蚌蚌”寻求安慰。“黑蚌蚌”是个什么东西呢？这可是昭王的心肝宝贝，夏日清凉消暑的居家必备品。蚌蚌老家在寒山，一天出来闲逛，遇到了自己的第一个主人——务成子。《荀子·大略》：“姚舜拜师务成子。”务成子是帝师，还有《务成子》流传后世。务成子也是恰巧到寒山游玩，才捡到了蚌蚌。几经转折，蚌蚌作为贡品进献给了燕昭王，搬了新家，有了新主人。

秦始皇

始皇元年，骞霄国献刻玉善画工名裔。使含丹青以漱地，即成魑魅及诡怪群物之像；刻玉为百兽之形，毛发宛若真矣。皆铭其臆前，记以日月。工人以指画地，长百丈，直如绳墨。方寸之内，画以四渎[1]五岳列国之图。又画为龙凤，骞翥[2]若飞。皆不可点睛，或点之，必飞走也。始皇嗟曰："刻画之形，何得飞走。"使以淳漆各点两玉虎一眼睛，旬日[3]则失之，不知所在。山泽之人云："见二白虎，各无一目，相随而行，毛色相似，异于常见者。"至明年，西方献两白虎，各无一目。始皇发槛视之，疑是先所失者，乃刺杀之，检其胸前，果是元年所刻玉虎。迄胡亥之灭，宝剑神物，随时散乱也。

始皇好神仙之事，有宛渠之民，乘螺舟而至。舟形似螺，沉行海底，而水不浸入，一名"沦波舟"。其国人长十丈，编鸟兽之毛以蔽形。始皇与之语及天地初开之时，了如亲睹。曰："臣少时蹑虚却行，日游万里；及其老朽也，坐见天地之外事。臣国在咸池[4]日没之所九万里，以万岁为一日。俗多阴雾，遇其晴日，则天豁然云裂，耿若江汉。则有玄龙黑凤，翻翔而下。及夜，燃石以继日光。此石出燃山，其土石皆自

光澈，扣之则碎，状如粟，一粒辉映一堂。昔炎帝始变生食，用此火也。国人今献此石。或有投其石于溪涧中，则沸沫流于数十里，名其水为焦渊。臣国去轩辕之丘十万里，少典之子[5]采首山之铜，铸为大鼎。臣先望其国有金火气动，奔而往视之，三鼎已成。又见冀州有异气，应有圣人生，果有庆都生尧。又见赤云入于酆镐[6]，走而往视，果有丹雀瑞昌之符。”始皇曰：“此神人也”。弥信仙术焉。

始皇起云明台，穷四方之珍木，搜天下之巧工。南得烟丘碧树，郦水燃沙，贲都朱泥，云冈素竹；东得葱峦锦柏，漂檖龙松，寒河星柘，岏山云梓；西得漏海浮金，狼渊羽璧，涤嶂霞桑，沉塘员筹；北得冥阜干漆，阴坂文杞，褰流黑魄，闇海香琼，珍异是集。二人腾虚缘木，挥斤斧于空中，子时起工，午时已毕。秦人谓之“子午台”，亦言于子午之地，各起一台，二说疑也。

‖注释‖ 1四渎：指长江、黄河、淮河和济水。《史记·般本纪》：“东为江，北为济，西为河，南为淮，四渎已修，万民乃有居。” 2骞翥：向上飞的样子。 3旬日：十天。 4咸池：传说中的日浴之所。《淮南子·天文训》：“日出于旸谷，浴于咸池。” 5少典之子：黄帝。《史记·五帝本纪》：“黄帝者，少典之子，姓公孙，名曰轩辕。” 6酆镐：指酆镐二京，曾是周朝的国都，属于今陕西省西安市。

<解说> 始皇帝喜好神仙之术这个事实，都被小说作家写烂了。《拾遗记》作为魏晋志怪小说的代表之作，当然不会放过这个热门话题。

《史记·秦始皇本纪》记载，秦始皇二十八年：“遣徐市发童男女数千人，入海求仙人。”打发徐福等人去蓬莱仙山寻求长生之药。依据史书，始皇帝痴迷神仙之术是在晚年。但后世小说创作或故事流传，把“神仙之术”这个标签死贴在始皇帝身上。导致现在一提到始皇帝，“神仙之术”绝对热搜前三名。王嘉更厉害，始皇帝沉迷仙术一事直接从登基开始写起。

始皇帝刚刚即位，全网就登出了“新君喜好排行榜”，“神仙之术”直上第一。投其所好，各国使者纷纷送来珍奇宝物。

骞霄国直接送来一个身怀绝技的画师，《太平广记》《太平御览》中记载画师名为裂裔。裂裔要求全网直播，让大家开开眼：往地上吐口丹青，过了一会儿山妖鬼怪就显现了出来；方寸之间，直接画出全国地貌图。直播结束后，裂裔人气噌噌噌往上涨。

裂裔雕了一对白虎，始皇看了看，发现没有眼睛，非要让画师给它们画上。“陛下，不是我自吹，一旦画上眼睛，它俩就活了，这个后果我担待不起。”始皇帝直盯着裂裔的眼睛，你当我傻吗？裂裔没辙，就开始画眼睛，刚各自画好一只眼，两白虎就咆哮一声逃走了，留下始皇帝和裂裔在屋子里发蒙。

过了好久好久，猎人群里发布公告，近期山中有“一只眼”白虎出没，大家要时刻注意。

本来这件事已经翻过页了，偏偏第二年西域进献了两只白虎，各有一只眼，胸前还有元年的标记，就是去年逃跑的那两只。始皇帝看到后，立刻想起了去年自己做的蠢事，直接跟手下说：“杀了杀了，全给我杀了！别让我再看见它。”“喏喏喏！”

让始皇帝在神仙之术路上越陷越深的，是宛渠国。

《淮南子·天文训》里记载：“日出于旸谷，浴于咸池。”咸池，传说中的日浴之所。宛渠国就在咸池附近，过的是原始部族的生活，还在用羽毛蔽体。虽说人家文明尚未开化，但国人各个身高十丈。

宛渠国入夜后，大家都用燃石来照明。

《异物志》：“石色黄白而理疎，以水灌之便热，以鼎著其上，炊足以熟。置之则冷，灌之则热，如此无穷。”燃石遇水发热，连热水器都不用，直接把燃石往锅里一扔，水就开了。据说，燃石是炎帝时期遗留下来的，宛渠国专门拿来送给始皇帝，以做收藏。

始皇帝收完礼，就不打算留客了。宛渠国使者可不想走，重要的事情还没说完呢。“陛下，其实我们这次来，主要是来报告好消息的。”使者继续说，“距我们国家十万里是轩辕之丘，您也知道黄帝曾在那里铸鼎。据我们先人说，鼎铸成之日，轩辕之丘金火闪烁。帝尧出生时冀州之地也有异光闪现。近期，我们国家天文观测站、气象局相继发现有红云飘往贵国酆镐二地，这一定是祥瑞之兆。为此，我们使者团连夜坐着沦波舟来觐见。”沦波舟，低配版的潜水艇，外形像海螺，能够自由潜入水底。

这个消息甚得始皇帝的心，结果就是他对仙术更加痴迷了。

始皇帝为了求仙，专门建造了云明台。

人一冲动，什么事都干得出来，更别说天下的王者了，那花起钱来，都是论斤的。先来看看建筑材料：用的木头是烟丘的碧树，漂檖的龙松，寒河、岏山的乔木；用的水泥是赉都的朱泥和郦水的燃沙。台子建成后，还要精装，像冥阜的油漆、暗海的美玉、云冈的竹子，通通运往施工现场。

材料准备好了，接下来就是工人了。真是巧了，不知道从哪里冒出来两个工人，说自己一天就能建好，跟罗慕路斯和雷穆斯建造罗马城一样。两位工人也是神了，子时动工，午时就建好了，效率极高。云明台也因此得名“子午台”。

张仪、苏秦二人，同志好学，迭剪发而鬻[1]之，以相养。或佣力写书，非圣人之言不读。遇见《坟》《典》[2]，行途无所题记，以墨书掌及股里，夜还而写之，析竹为简。二人每假食于路，剥树皮编以为书帙，以盛天下良书。尝息大树之下，假息而寐。有一先生问：“二子何勤苦也？”仪、秦又问之：“子何国人？”答曰：“吾生于归谷。”亦云鬼谷，鬼者，归也；又云，归者，谷名也。乃请其术，教以干世出俗之辩，即探胸内，得二卷说书，言辅时之事。《古史考》云：“鬼谷子[3]也，鬼、归音相近也。”

‖注释‖ 1 鬻（yù）：卖。《宋史·食货志》：“贱鬻于豪商。”低价卖给商人的意思。 2《坟》《典》：指《三坟》《五典》，上古帝王的治国典籍。 3 鬼谷子：纵横学派的创始人，精通权谋之术，世传《鬼谷子》一书。纵横学派的弟子有孙膑、庞涓、苏秦、张仪等人。

<解说> 纵横双雄——张仪和苏秦，在战国时期出尽了风头。苏秦主张合纵，六国联合起来打秦国，先解决掉最强者，《战国策·秦策》：“天下之士合纵相聚于赵而欲攻秦。”张仪则主张连横，《韩非子·五蠹》：“横者，事一强以攻众弱也。”强强联合，先把小喽啰收拾了。世事难料，谁能想到站到了对立面的两个人，可是从小一起长大的呢。

苏秦和张仪两人曾经相依为命，生活艰苦到什么程度呢？把头发剪掉卖

了来养活自己。古时讲究，孝之始，“身体发肤，受之父母，不敢毁伤”头发可是非常重要的。两人有一次在路中偶然看到《三坟》《五典》，但没有带笔记本，直接撸起袖子，写在手臂和腿上，密密麻麻抄了一大片。晚上回去后，两人赶快把记下的东西誊抄好，书皮书套还要自制。这要放到现在，妥妥的学霸。

有一天，两人赶路累了，就坐到大树下休息，路过一位老先生上前问：“你们俩看着过得挺惨，怎么还背了这么多书，不想着先找个工作糊口吗？”苏秦张仪说：“我们是有梦想的年轻人，我们要专心学业，饱读诗书，才能有所作为。”老先生觉得两人还挺有志气，就送了两本自己刚写的书，“回去好好学习一下，你们就可以实现梦想了。”

苏秦张仪一翻开书，扉页写着鬼谷子的大名，刚想要拜师学艺，老先生已经走了。后面的故事不必多说，两人学成之后，“纵横双雄”就出道了。

秦王子婴立，凡百日，郎中赵高谋杀之。子婴寝于望夷之宫，夜梦有人身长十丈，须鬓绝青，纳玉舄而乘丹车，驾朱马而至宫门，云欲见秦王子婴，阍者[1]许进焉。子婴乃与言。谓子婴曰：“余是天使也，从沙丘来。天下将乱，当有同姓名欲相诛暴。”翌日乃起，子婴则疑赵高，囚高于咸阳狱，悬于井中，七日不死；更以镬汤煮，七日不沸，乃戮之。子婴问狱吏曰：“高其神乎？”狱吏曰：“初囚高之时，见高怀有一青丸，大如雀卵。”时方士说云：“赵高先世受韩终丹法，冬月坐于坚冰，夏日卧于炉上，不觉寒热。”及高死，子婴弃高尸于九达之路。泣送者千家，或见一青雀从高尸中出，直飞入云。九转之验，信于是乎！子婴所梦，即始皇之灵；所着玉舄，则安期先生[2]所遗也。鬼魅之理，万世一时。

‖注释‖ 1阍（hūn）者：守门人。《礼记·祭统》：“阍者，守门之贱者也。” 2安期先生：即安期生，又名“千岁翁”。《列仙传》：“于东岳遇一神仙乘白鹿，与侍女约十人，自山中而下，自称安期生，教以胎息存真一之诀，言讫升天而去。”师从河上公，习黄老之学。

<解说> 《史记·秦始皇本纪》："丞相斯为上崩在外，恐诸公子及天下有变，乃秘之，不发丧。"始皇帝三十七年驾崩，李斯等人秘不发丧，直接让胡亥即位。随后，又爆发望夷宫之变，胡亥下台。"秦地益小，乃以空名为帝，不可。宜为王如故，便。"就这样，子婴即位后成了秦王，老嬴家没有了称帝的资格。秦朝的灭亡是多方原因造成的，但和一个人脱不了干系，赵高。

一天晚上，子婴梦到一位老天使，对自己说："天下马上就要开战了，大王您的人身安全可能会受到威胁，还是提早做准备吧。"子婴醒来后，首先就把第一大威胁赵高囚禁了起来。

子婴先是派人把赵恶人悬在井中七天，没死；又丢进沸水中，水七天都不热。子婴纳闷极了，就问狱卒："赵高难不成是神人？怎么还死不了了。他不死，那可就是我死了。"狱卒说："大王，当时抓赵高的时候，我好像看到他怀里揣了个青雀卵那么大的药丸。您说会不会是那个东西护体，才死不了啊？"

身边的方士插了一句："赵高的祖上跟韩终学习过仙术，冷热对他的身体根本不会造成丝毫损伤。"原来赵高还是个仙二代。按照《史记》所载，赵高最后是被韩谈刺死的，子婴还诛其三族，算是报了家仇。赵高死后，子婴下令："把他扔到大街上！"没想到，为赵高哭丧的人竟然遍布全城，这么说的话，赵高还是个拥有超高人气的大臣呢，显得像是子婴错杀了忠臣一样。其实，这都是王嘉自己杜撰的故事，赵高就是个凡人。王嘉是以小说家的手法来放大人物的主要特征，更多关注的是文章的可读性、趣味性。

卷伍

前汉上

汉太上皇微时，佩一刀，长三尺，上有铭，其字难识，疑是殷高宗伐鬼方之时所作也。上皇游酆沛山中。寓居穷谷里有人冶铸。上皇息其傍，问曰："此铸何器？"工者笑而答曰："为天子铸剑，慎勿泄言！"上皇谓为戏言而无疑色。工人曰："今所铸铁钢砺难成，若得公腰间佩刀杂而冶之，即成神器，可以克定天下，星精为辅佐，以歼三猾[1]。木衰火盛[2]，此为异兆也。"上皇曰："余此物名为匕首，其利难俦，水断虬龙，陆斩虎兕，魑魅罔两，莫能逢之；斫玉镌金，其刃不卷。"工人曰："若不得此匕首以和铸，虽欧冶[3]专精，越砥敛锷[4]，终为鄙器。"上皇则解匕首投于炉中。俄而烟焰冲天，日为之昼晦。及乎剑成，杀三牲以衅[5]祭之。铸工问上皇何时得此匕首。上皇云："秦昭襄王时，余行逢一野人，于陌上授余，云是殷时灵物，世世相传，上有古字，记其年月。"及成剑，工人视之，其铭尚存，叶前疑也。工人即持剑授上皇。上皇以赐高祖，高祖长佩于身，以歼三猾。及天下已定，吕后藏于宝库。库中守藏者见白气如云，出于户外，状如龙蛇。吕后改库名曰"灵金藏"。及诸吕擅权[6]，白气亦灭。及惠帝即位，以此库贮禁兵器，名曰“灵金内府”也。

‖注释‖ 1三猾：一说为项羽、陈胜、胡亥，依据萧绮所引的《孝敬钩命绝》；一说为项羽、陈胜、吴广，依据《渊鉴类函》所引《拾遗记》。 2木衰火盛：周为木德，秦为水德，汉为火德。木衰火盛，指周秦气数已尽，汉朝将立。 3欧冶：即欧冶子，春秋战国人，曾为君主铸造多把青铜剑，是中国古代铸剑鼻祖。 4越砥敛锷：砥石产自吴越之地，故称为越砥。锷，指刀刃。 5衅：指血祭，杀牲以祭祀。《说文解字》：“衅，血祭也。” 6诸吕擅权：西汉初年，吕氏一族把控朝政，刘氏宗亲因此不满。吕后去世后，刘氏宗亲奋起反击，消灭了吕氏一族。

<解说> 公元前202年，刘邦称帝，汉朝建立。老刘家能够登上历史舞台，除了刘邦小分队的努力，还跟一把刀有很深的渊源。

刘邦的父亲——刘湍，史书中一般尊称老人家为刘太公。秦昭襄王时，刘太公被一个路人当路拦截，“大叔，我刚淘了个宝贝，您要不？” 刘太公以为又是推销的，话不多说，立马就走。“您别急呀，您看看这把刀，再看看上面的字，这可是殷商时的宝物，上面标着铭文和出厂日期呢，货真价实！”

一听是古董，刘太公有了兴趣，问路人：“说吧，多少钱？”没想路人说了句：“我看您面相清奇，这个宝物就不要钱了，白给！”这可把太公高兴坏了，今天白捡了个宝贝儿。

一天，刘太公在沛县山里巡逻，一不小心错过了末班车，只能借宿在山里。

运气一来，挡都挡不住。刘太公随便挑了一家，就是个冶铁世家。吃晚饭的时候，太公主动跟人家搭话：“你平时铸造一些什么东西啊？”铁人笑笑说：“剑啊，我铸造的剑可是要给天子用的。”太公一听，心想：又一神吹。突然，铁人瞄见了太公腰间的佩刀。哇……这刀了不得啊，绝非凡物，是铸剑的上好材料。于是，铁人边看边说：“我从小就有个梦想，就是铸造一把传世名剑，只有王者才配得起它。不是我乱吹，如今我的技艺已经达到了炉火纯青的地步，但造出的剑一直不太满意，总感觉缺了点什么。刚刚看到了您的佩刀，成色材质上佳。所以，想跟您商量商量，能不能把这把佩刀贡献出来，成就一把名剑？”

太公摸了摸佩刀，其实特别舍不得，毕竟它随自己出生入死多年，还能驱魔降妖。但做人也不能太小气，人家话都说到这份上了，也挺不容易的，哎……就给他。太公自我挣扎完后，便把佩刀扔进了熔炉。瞬间，一股火焰直冲上天。

新剑铸好后，铁人自己不要，直接把它送给了刘太公。令人奇怪的是，之前佩刀上的铭文竟然又完全出现在了新剑上。后来，刘太公把宝剑传给了三儿子刘邦，刘邦带此剑征战天下，铸就了刘氏江山。宝剑完成了任务，被收藏到了灵金内府中。

刘邦称帝后，刘太公被封为太上皇。太上皇兴奋了几天，就蔫了，整日闷闷不乐。这是怎么回事？

《西京杂记》里说道："以平生所好，皆屠贩少年，酤酒卖饼，斗鸡蹴鞠，以此为欢，今皆无此，故以不乐。" 原来是适应新环境的能力太差了，太公就喜欢吃喝玩乐，就喜欢跟朋友一起聚餐，但宫里什么朋友都没有，自家儿子还整天忙得看不到人。刘邦这个大孝子知道后，立马命人在皇城跟前建新城——丰，里面的布局构造跟家乡一模一样。这还不够，刘邦特意把家乡的亲人、太公的朋友都接过来，搬进新丰，让他们陪着太公。太公这才恢复了常态。

孝惠帝二年，四方咸称车书同文轨，天下太平，干戈偃息。远国殊乡，重译来贡。时有道士，姓韩名稚，则韩终之胤也。越海而来，云是东海神使，闻圣德洽乎区宇，故悦服而来庭。时有东极，出扶桑之外，有泥离之国来朝。其人长四尺，两角如茧，牙出于唇，自乳以来，有灵毛自蔽，居于深穴，其寿不可测也。帝云："方士韩稚解绝国人言，令问人寿几何，经见几代之事。"答曰："五运相承，迭生迭死，如飞尘细雨，存殁不可论算。"问："女娲以前可闻乎？"对曰："蛇身已上，八风均，四时序，不以威悦[1]搅乎精运。"又问燧人[2]以前，答曰："自钻火变腥以来，父老而慈，子寿而孝。自轩皇[3]以来，屑屑焉[4]以相诛灭，浮靡嚣动，淫于礼，乱于乐，世德浇讹，淳风坠矣。"稚以答闻于帝。帝曰："悠哉杳昧，非通神达理者，难可语乎！斯远矣。"稚于斯而退，莫知其所之。帝使诸方士立仙坛于长安城北，名曰“祠韩馆”。俗云：“司寒之神[5]，祀于城阴。”按《春秋传》曰：“以享司寒”，其音相乱也，定是“祠韩馆”。至二年，诏宫女百人，文锦万疋，楼船十艘，以送泥离之使，大赦天下。

‖注释‖ 1威怳：权威、权势。 2燧人：燧人氏，教民钻木取火，活动于河南商丘一带。 3轩皇：指轩辕黄帝。《史记·五帝本纪》：“黄帝者，少典之子，姓公孙，名曰轩辕。” 4屑屑焉：社会动荡不安。 5司寒之神：北方之神，指颛顼和玄冥。应劭：“颛顼、玄冥，皆北方之神，主杀戮也。”

<解说> 《史记·高祖本纪》：“四月甲辰，高祖崩长乐宫。”刘邦在位第十二年，崩于长乐宫，嫡长子刘盈即位，为汉惠帝。

惠帝二年，仍然在贯彻落实父辈的“休养生息”政策，没有战乱，大家过得都挺不错。当时有一位叫韩稚的道士前来觐见，自称是韩终的后代，听闻惠帝的圣德而来。韩终，之前介绍过，是秦始皇时期的方士。惠帝见到韩稚，跟他聊了几句，觉得还挺能说，口才不错，外交能力合格，就打算考考他有没有真学识。恰逢泥离国来朝。泥离国还记得吗？周成王三年曾出场过一次，腾云驾雾来的那个国家。已经是汉朝了，泥离国还是老样子，国人头上有犄角，龇牙咧嘴的，浑身长着长毛。

惠帝问韩稚：“你说他们活了多久了？”韩稚想了想，回答道：“活了多久其实并不重要。生命这种事情，跟整个朝代更迭相比，就像细小的飞尘一般，短到可以忽略不计。”回答得很有深度。嗯……再考考。惠帝又连着问了伏羲、女娲、燧人氏之事，韩稚都回答得溜溜的。就在惠帝打算重用韩稚的时候，他突然消失了，惠帝为此伤心难过了好一阵子，专门在城北划了一片地，建造了“祠韩馆”，让众位方士都去祭拜韩稚。

不过，惠帝也挺不容易的，前有高祖，后有“文景之治”，导致存在感一直很低，再加上吕后一直把持朝政，惠帝连表现的机会都没有，一直很郁闷，早早地就去找父亲团聚了。

汉武帝思怀往者李夫人，不可复得。时始穿昆灵之池，泛翔禽之舟。帝自造歌曲，使女伶歌之。时日已西倾，凉风激水，

PROZAC

女伶歌声甚遒，因赋《落叶哀蝉》之曲曰：“罗袂兮无声，玉墀[1]兮尘生，虚房冷而寂寞，落叶依于重扃[2]。望彼美之女兮安得，感余心之未宁！”帝闻唱动心，闷闷不自支持，命龙膏之灯以照舟内，悲不自止。亲侍者觉帝容色愁怨，乃进洪梁之酒，酌以文螺之卮[3]。卮出波祇之国。酒出洪梁之县，此属右扶风[4]，至哀帝废此邑。南人受此酿法。今言“云阳出美酒”，两声相乱矣。帝饮三爵，色悦心欢，乃诏女伶出侍。帝息于延凉室，卧梦李夫人授帝蘅芜之香。帝惊起，而香气犹着衣枕，历月不歇。帝弥思求，终不复见，涕泣洽席，遂改延凉室为遗芳梦室。初，帝深嬖李夫人，死后常思梦之，或欲见夫人。帝貌憔悴，嫔御不宁。诏李少君与之语曰：“朕思李夫人，其可得见乎？”少君曰：“可遥见，不可同于帷幄。”帝曰：“一见足矣，可致之。”少君曰：“暗海有潜英之石，其色青，轻如毛羽，寒盛则石温，暑盛则石冷。刻之为人像，神悟不异真人。使此石像往，则夫人至矣。此石人能传译人言语，有声无气，故知神异也。”帝曰：“此石像可得否？”少君曰：“愿得楼船百艘，巨力千人，能浮水登木者，皆使明于道术，赍[5]不死之药。”乃至暗海，经十年而还。昔之去人，或升云不归，或托形假死，获反者四五人。得此石，即命工人依先图刻作夫人形。刻成，置于轻纱幕里，宛若生时。帝大悦，问少君曰：“可得近乎？”少君曰：“譬如中宵忽梦，而昼可得近观乎？此石毒，宜远望，不可逼也。勿轻万乘之尊，惑此精魅之物！”帝乃从其谏。见夫人毕，少君乃使舂此石人为丸，服之，不复思梦。乃筑灵梦台，岁时祀之。

‖注释‖ 1 玉墀（chí）：宫殿前的台阶，砌以玉石。 2 重扃（chóng jiōng）：重重门户。苏轼《四时词》：“夜香烧罢掩重扃，香雾空濛月满庭。” 3 卮：古时圆形的盛酒器具。《说文解字》：“卮，圜器也。” 4 右扶风：汉代将京师附近的区域划分给三辅管理，分别是京兆尹、左冯翊、右扶风。 5赍（jī）：献送。《说文解字》：“齎，持遗也。俗字作赍。”

＜解说＞ 李夫人，汉孝武皇后。

《汉书·外戚传》：“孝武李夫人，本以倡进。初，夫人兄延年性知音，善歌舞，武帝爱之。”李夫人是李延年的妹妹。李家是倡优出身，全家精通音律，凭借自家出众的才艺，深得汉武帝的宠信。李夫人生下昌邑王后，身患重病，不久便早逝了。武帝备受思念的折磨，日渐消瘦，黑眼圈越来越重，最后实在没办法，把李少君喊来。

“少君，我不行了，再这样下去我就疯了。你不是特厉害吗，能不能让我见见她？”

李少君说：“可以是可以，不过需要点东西，比较难弄。书上说，暗海之地有潜英石，冬暖夏凉，用它雕刻成人形，真假难辨。我们可以试一试。”

说完，武帝便命李少君带人去找传说中的潜英石。

李少君这一去就是十年，回来之后，脸都顾不上洗，直接去监工，加班加点，赶着刻人形雕塑。

石像刻成之后，李少君把武帝带到一面纱幕前。武帝往里一看，隐约有李夫人的身影，一时没控制住，激动得当场哭了，刚想要抱抱夫人，一把被李少君拦下。“陛下，这石像有剧毒，您还是别碰了。”

武帝想着最初的愿望实现了，也就没什么可发愁的了。但潜英石还剩了一大堆，怎么办呢？李少君想了个办法，把石像制成药丸，这样就不会浪费了。说来神奇，武帝吃了一段时间药丸后，神清气爽，整个人都年轻了许多。

本以为吃了李少君的药丸可以一劳永逸，不想武帝的病情竟然反复了。

一次，武帝泛舟江上，触景伤情，又想起了李夫人，应景作了一首曲子，名叫《落叶哀蝉》。作好之后，让歌女现场演奏。武帝本来就心情低落，结果越听越难过，端起一旁的酒杯就猛喝了三下。酒一喝多，武帝的心情慢慢平静了下来，到最后越喝越开心。武帝问：“这什么酒？”手下回道：“陛下，这是洪梁县特产的酒。”“喝着不错，赏！”自此，洪梁县酒业享有了“全国第一酒”的美名。

再说武帝喝完酒后，躺到延凉室的榻上昏昏欲睡，又梦到了李夫人。武帝心想，夫人是不是担心我把她忘了，才老到梦里来找我，我该做点什么来证明一下？第二天，武帝下令把延凉室改名为遗芳梦室，以此怀念李夫人。而武帝的病一波三折，最后总算好了。汉武帝驾崩后，李夫人被追封为孝武皇后。

元封[1]元年，浮忻国贡兰金之泥。此金出汤泉，盛夏之时，水常沸涌，有若汤火，飞鸟不能过。国人常见水边有人冶此金为器。金状混混若泥，如紫磨之色；百铸，其色变白，有光如银，即“银烛”是也。常以此泥封诸函匣及诸宫门，鬼魅不敢干。当汉世，上将出征，及使绝国，多以此泥为玺封。卫青、张骞、苏武、傅介子之使，皆受金泥之玺封也。武帝崩后，此泥乃绝焉。

日南之南，有淫泉之浦。言其水浸淫从地而出成渊，故曰“淫泉”。或言此水甘软，男女饮之则淫。其水小处可滥觞褰[2]涉，大处可方舟沿泝，随流屈直。其水激石之声，似人之歌笑，闻者令人淫动，故俗谓之“淫泉”。时有凫雁，色如金，群飞戏于沙濑，罗者得之，乃真金凫也。当秦破骊山之坟，行野者见金凫向南而飞，至淫泉。后宝鼎[3]元年，张善为日南太守，郡民有得金凫以献。张善该博多通，考其年月，即秦始皇墓之金凫也。昔始皇为冢，敛天下瑰异，生殉工人，倾远方奇宝于冢中，为江海川渎及列山岳之形。以沙棠沉檀为舟楫，金银为凫雁，以琉璃杂宝为龟鱼。又于海中作玉象鲸鱼，衔火珠为星，以代膏烛，光出墓中，精灵之伟也。昔生埋工人于冢内，至被开时皆不死。工人于冢内琢石为龙凤仙人之像，及作碑文辞赞。汉初发此冢，验诸史传，皆无列仙龙凤之制，则知生埋匠人之所作也。后人更写此碑文，而辞多怨酷之言，乃谓为“怨碑”。《史记》略而不录。

‖注释‖ 1 元封：汉武帝所用的第六个年号。元封元年为公元前110年。 2 褰

（qiān）：掀起，撩开。本义是套裤。古人最初是没有裤子的，只有两个筒子套在腿上，跟现在的袖套一样，上面再用绳子系上。这里指撩开套裤过河。 3 宝鼎：吴末帝孙皓的年号。《三国志·吴书》："八月，所在言得大鼎，于是该年，大赦。"因得宝鼎而改的年号。

＜解说＞ 元封，汉武帝在位时使用的第六个年号，此前还有建元、元光、元朔、元狩、元鼎。关于元封的来历，《史记·孝武本纪》与《资治通鉴》均有记载：公元前 110 年，汉武帝前往泰山封禅，以十月作为元封元年，同时大赦天下，普天同庆，老百姓身上的赋税也减轻了一波。

元封元年，浮忻国进献了兰金泥。兰金，产自汤泉。汤泉整个都是沸腾的，鸟都不敢从上面过，就怕一不小心把毛给烫坏了。有人发现了商机，在附近开了冶炼厂，直接在泉水里冶金。炼到极致的兰金泥，会亮得发白，商家取名为银烛，一般作为奢侈品卖给王公贵族。银烛的制作工序比较复杂，因此性能也是最好的，用它来密封信件、匣子和宫门，可以驱除鬼怪等不祥之物。汉代上将出征、使者出使所用的文书，像卫青、张骞、苏武、傅介子，都是用银烛封印的。不过，汉武帝驾崩后，银烛也绝迹了。

日南郡的南边有一股泉水，地下水渗透出地表而成渊，取名为淫泉。淫有多、过分之意，所谓的"男女饮之则淫"，其实都是后人的强行附会。淫泉水流小的地方可以涉足，水流大的话，两辆船并行都没有问题。

宝鼎元年，张善在日南郡当太守，百姓送了一只金凫给他。金凫，就是金色的大雁。张善这个人博学多识，一下就认出了这只金凫，是当年秦始皇墓被发掘时人间曾出现过的那只。相传骊山的秦始皇陵被人发掘时，有金凫飞往南边，目的地就是上面所说的淫泉。

这里简单说一说秦始皇陵。始皇帝在世时，担心自己死后到了阴间一无所有，早早下令修建陵墓，网罗天下珍宝，建造自己的地下王国。陵墓里有江河山川的缩影，金银所制的凫雁，琉璃制的水族生物。除了器物，秦始皇死后，还让活人殉葬。陵墓被后人发掘后，当时殉葬的工人竟然还活着。这当然是后世的神话改写，真正的殉葬并不会有奇迹发生。

依据考古发现，中国以活人殉葬，自殷商时期就已经开始了。《史记·秦本纪》记载：秦武公、秦穆公死后，均有近百的活人殉葬。而殉葬的人选，或是宠妃，或是臣子，或是侍女奴仆。这一丧葬礼制，直到康熙初年才被废止。

董偃常卧延清之室，以画石为床，文如锦也。石体甚轻，出郅支国。上设紫琉璃帐，火齐屏风，列灵麻之烛，以紫玉为盘，如屈龙，皆用杂宝饰之。侍者于户外扇偃。偃曰："玉石岂须扇而后凉耶？"侍者乃却扇，以手摸，方知有屏风。又以玉精[1]为盘，贮冰于膝前。玉精与冰同其洁澈。侍者谓冰之无盘，必融湿席，乃合玉盘拂之，落阶下，冰玉俱碎，偃以为乐。此玉精千涂国所贡也。武帝以此赐偃。哀、平之世，民家犹有此器，而多残破。及王莽之世，不复知其所在。

‖ 注释 ‖ 1 玉精：玉中的精英。《汉书·礼乐志》记载："璧玉精，垂华光。"颜师古注解："礼神之璧乃玉之精英，故有光华也。"

<解说> 董偃这个人，大多数人知晓他是因汉武帝。《汉书·东方朔传》："偃与母以卖珠为事，偃年十三，随母出入主家。"董偃面容姣好，为人温和，自小就是窦太主（馆陶公主）身边的红人，而他的得宠之路也从此开始。

年纪轻轻的董偃先是被五十岁的馆陶公主相中，再后来，就是汉武帝了。当时，各个国家进贡了很多稀世珍宝，武帝一股脑全送给董偃了。古代又没有空调，想要降暑，只能在屋里多放点冰。但董偃不是一般人，他从武帝那儿收到了一大堆消暑神器，最厉害的要属"火齐屏风"。这个屏风是玉石所制，夏天摆在屋子里，能够自动散发冷气，还不会造成大气污染。

一天，董偃正躺在床上休息，侍从不小心把玉精盘打碎了。董偃不仅没发火，反而以此为乐，一点儿也不觉得可惜。

这样下去可不行，怎么办？关键时刻，还需要能说会道的东方朔出马。

一次宴会开始之前，东方朔早早在门口拦下了董偃，不让他参加，还当着众人的面，列出董偃的三大罪状。"一、董偃作为人臣，私下却依附于馆陶公主；二、与公主私交甚密，有伤风化；三、不好好读书，反而满足于耳目之欲。这样的人留在身边，迟早是个祸害。"东方朔说完，武帝也有点羞愧，慢慢地就疏远了董偃。《汉书·东方朔传》："董君之宠由是日衰，至年三十而终。" 董偃三十岁就离世了。不知道馆陶公主是不是忧伤过度，没几年也去了，死前还要求把董偃和她合葬在霸陵。

太初[1]二年，大月氏国贡双头鸡，四足一尾，鸣则俱鸣。武帝置于甘泉故馆，更以余鸡混之，得其种类而不能鸣。谏者曰：“《诗》云：‘牝[2]鸡无晨。’一云：‘牝鸡之晨，惟家之索。’今雄类不鸣，非吉祥也。”帝乃送还西域，行至西关，鸡反顾望汉宫而哀鸣。故谣言曰：“三七末世，鸡不鸣，犬不吠，宫中荆刺乱相系，当有九虎争为帝。”至王莽篡位，将军有九虎之号。其后丧乱弥多，宫掖中生蒿棘，家无鸡鸣犬吠。此鸡未至月支国，乃飞于天汉，声似鹍鸡，翱翔云里。一名晻鸡，昆、晻之音相类。

天汉二年，渠搜国之西，有祈沦之国。其俗淳和，人寿三百岁。有寿木之林，一树千寻，日月为之隐蔽。若经憩此木下，皆不死不病。或有泛海越山来会其国，归怀其叶者，则终身不老。其国人缀草毛为绳，结网为衣，似今之罗纨也。至元狩[3]六年，渠搜国献网衣一袭。帝焚于九达之道，恐后人征求，以物奢费，烧之，烟如金石之气。

太始二年，西方有因霄之国，人皆善啸。丈夫啸闻百里，妇人啸闻五十里，如笙竽之音，秋冬则声清亮，春夏则声沉下。人舌尖处倒向喉内，亦曰两舌重沓，以爪徐刮之，则啸声逾远。故《吕氏春秋》云“反舌殊乡之国”[4]，即此谓也。有至圣之君，则来服其化。

‖注释‖ 1 太初：汉武帝使用的第七个年号。太初元年以前，汉代通用的是颛顼历，以建亥之月为岁首，也就是元月。与我们现在通用的农历相差了两个月，相当于农历十月。公元前 104 年，西汉改用太初历，以建寅之月为岁首，也就是农历的正月。 2 牝（pin）：雌性的鸟兽称牝，雄性的称牡。 3 元狩：汉武帝用的第四个年号，因狩猎时捕获一只神兽而来。元狩元年为公元前 122 年。 4《吕氏春秋·功名》：“善为君者，蛮夷反舌殊俗异习皆服之，德厚也。”

<解说> 民间有谚语“牝鸡无晨”，母鸡不司晨，打鸣是公鸡的职能，起源于《尚书·牧誓》：“牝鸡无晨。牝鸡之晨，惟家之索。”一旦母鸡开始打鸣，这户人家就要败了，历代以此比喻妇人不应掌权。

汉武帝太初二年，就发生了异象。

大月氏国进贡了一只双头鸡，四足一尾。汉武帝突发奇想，把双头鸡丢进鸡群，结果发现公鸡早上都不会打鸣了。武帝脑子转得够快，一下就想到了《尚书》里的话，赶快把双头鸡送还了回去。刚送到西关，双头鸡突然回头，望着汉宫的方向哀鸣，没有回到大月氏国就直飞冲天不见了。民间传言说：“三七末世，鸡不鸣，犬不吠，宫中荆棘杂生，九虎将军要来争帝了。”九虎，指的是王莽麾下的九位将军。《汉书·王莽传》：“莽拜将军九人，皆以虎为号，号曰‘九虎’。”所以，传言指的就是王莽篡汉之事。

天汉，汉武帝的第八个年号。太初四年，汉军攻破大宛，汉武帝想趁机征服匈奴，便改年号为天汉。

祈沦国，位于渠搜国之东。和孝养国、卢扶国一样，国人都能活到三百岁，而长寿的秘诀就在寿木林。去祈沦国旅游，累了在寿木树下睡一觉，就可以不死不病。如果嫌地上脏，不想睡，还有一种方法，那就是临走的时候摘一片寿木叶，放在怀里，同样可以不老不死。当然，这一切的前提是国家环保局让你摘，觉得你不是在破坏树木。《战国策·齐策》四：“下宫糅罗纨，曳绮縠，而士不得以为缘。”祈沦国的百姓穿的就是罗纨，属于细纱丝织品。元狩六年，渠搜国从邻国那里得到了一套真丝服饰，专门进献给武帝。渠搜国前脚走，武帝后脚就把贡品当众烧了，还不忘告诫国人：千万不要热衷于这些奢侈品。

太始，汉武帝的第九个年号，紧挨着天汉。当时，西方有个因霄国，也叫反舌国，称作“咆哮国”可能更形象直观一些。《山海经·海外南经》：“反舌国在其东，其为人反舌。”高诱在注解《吕氏春秋·功名》时，也讲到南方之地有反舌国，舌尖可以倒向喉咙。

得益于这种生理构造，反舌国人与生俱来拥有一种专长——大啸。男子大啸可以传到百里之外，女子大啸可以传到五十里。不要误会，这种大啸不是平时的那种丑态咆哮，在因霄国人看来，啸声是一种音乐，听来是享受，如同笙竽之音，秋冬时声音比较清亮，春夏时比较低沉。如果想让声音传得更远，据国人经验总结，喊的时候用手指按住舌头就可以了。

卷陆

前汉下

昭帝始元[1]元年，穿淋池，广千步。中植分枝荷，一茎四叶，状如骈盖，日照则叶低荫根茎，若葵之卫足，名“低光荷”。实如玄珠，可以饰佩。花叶难萎，芬馥之气，彻十余里。食之令人口气常香，益脉理病。宫人贵之，每游宴出入，必皆含嚼。或剪以为衣，或折以蔽日，以为戏弄。《楚辞》所谓“折芰荷以为衣”，意在斯也。亦有倒生菱，茎如乱丝，一花千叶，根浮水上，实沉泥中，名“紫菱”，食之不老。帝时命水嬉，游宴永日。土人进一巨槽，帝曰：“桂楫松舟，其犹重朴；况乎此槽，可得而乘也？”乃命以文梓为船，木兰为柂，刻飞鸾翔鹢[2]，饰于船首，随风轻漾，毕景忘归，乃至通夜。使宫人歌曰：“秋素景兮泛洪波，挥纤手兮折芰荷，凉风凄凄扬棹[3]歌，云光开曙月低河，万岁为乐岂云多！”帝乃大悦。起商台于池上。及乎末岁，进谏者多，遂省薄游幸，堙毁池台，鸾舟荷芰，随时废灭。今台无遗址，沟池已平。

元凤二年，于淋池之南起桂台，以望远气。东引太液[4]之水。有一连理树，上枝跨于渠水，下枝隔岸而南，生与上枝同一株。帝常以季秋[5]之月，泛蘅兰云鹢之舟，穷晷系夜[6]，钓于台下，以香金为钩，霜丝为纶，丹鲤为饵，钓得白蛟，长三丈，若大蛇，无鳞甲。帝曰："非祥也。"命太官为鲊[7]，肉紫骨青，味甚香美，班赐群臣。帝思其美，渔者不能复得，知为神异之物。

‖注释‖ 1 始元：汉昭帝在位期间使用的第一个年号，始元元年为公元前86年。 2 鹢（yì）：一种似鹭的水鸟。《广韵》："水鸟也，似鹭而大。" 3 棹：船桨中的偏长者。《古今韵会举要》："短曰楫，长曰棹。" 4 太液：太液池，位于汉代建章宫以北，也叫泰液池。 5 季秋：秋季的最后一个月，指农历九月。古人将三个月视为一个季节，分别冠以"孟""仲""季"三个字。 6 穷晷（guǐ）系夜：晷，日晷，古代测量时间的仪器。穷晷系夜，指穷尽日夜，日日夜夜。 7 鲊（zhǎ）：用盐腌制成的鱼。《释名·释饮食》："鲊，菹也，以盐米酿之如菹熟而食之也。"

<解说> 汉昭帝刘弗陵，是汉武帝的小儿子。为了杜绝汉初"吕氏专权"等类似现象，汉昭帝即位之前，武帝就将其母钩弋夫人——赵婕妤处死，以稳定刘氏江山。公元前87年，汉武帝崩于五柞宫，"戊辰，太子即皇帝位，谒高庙"（《汉书·昭帝纪》）。八岁的刘弗陵登基，霍光、金日磾、上官桀效仿周公，一同辅佐幼主，但最后竟然窝里斗。昭帝在位没几年，二十一岁的年纪就去世了。

昭帝即位之初，辅臣相争，昭帝自身的生命安全常常受到威胁，好不容易解决了乱臣，朝政又一直被霍光把持着。这个皇帝当得没有一天顺心的。既然朝政之事插不上手，那就不管了吧。秉持着这种态度，昭帝在位期间专心于绿化建设。

即位第一年，昭帝先下令挖了一个淋池。完工后，池子里空空的不太好看，昭帝就往里面种了点东西。一个是"低光荷"，一个是"倒生菱"。低光荷的习性跟向日葵有些相似，太阳一照，叶子就会自觉把根茎保护起来，如此才有了"低光荷"的名字。

低光荷全身上下都是宝。就拿花和叶来说吧，把它们装到包包里，戴在身上，十里之外都能闻到散发的香气。晒干之后磨成粉，再加工成食品，"口香糖"就面世了。出门之前嚼一片，清新一整天。而且，据说吃了可以美容养颜，极受宫人的追捧。除了食用价值，低光荷还能做成衣服来穿，《楚辞·离骚》："制芰荷以为衣兮，集芙蓉以为裳。"这不是说说而已，昭帝时期的宫人就喜欢穿荷衣荷裳，好看是好看，就是不知道实用不实用。

再来说说长生药品——“倒生菱”。倒生，也就是倒着长，根漂在水上露个小头头，果实长在泥里，茎乱如麻。整天自我反思：为什么我不能见人，难道是长得丑吗？不能因为我丑就嫌弃我啊！虽然我不太注重发型，但是吃了我可以长生不老，不想拥有吗？

池子建好啦，荷花种好啦，出去游玩，尤其是在池上，船是必不可少的。昭帝坐的船，一定要配得上帝王的身份和地位，用的木料是带有龙纹的梓树，船头装的是事先雕好的鸾凤鹢鸟。昭帝乘着“云鹢号”，带着宫人，通宵达旦地在淋池游玩。

过了几年，昭帝玩腻了，从太液池引水过来，在淋池南边建了个桂台。秋天，昭帝可以乘着心爱的“云鹢号”来桂台钓鱼。钓鱼工具也特别奢华：香金为钩，霜丝为纶，丹鲤为饵，最后竟然钓到了白蛟。昭帝看了看白蛟，身长三丈，没有鳞片，跟大蛇一样，实在不太美观，直接让后厨把它杀了做菜。厨师长接到任务后，先把白蛟一腌，腥味得去干净了，随后或油炸，或蒸煮，用一条大蛟就做了七八道菜。菜太多，皇上一个人也吃不完啊，怎么办？把大臣叫来一起吃。

昭帝就这样一边胡吃海喝，一边放纵自我乱逛。大臣们也是看不下去了，联名上书，要求昭帝克制一下自己的天性，缩短一下娱乐时间。虽然大权不在手，但表面功夫还是要做，多带大家建设建设国家，不要脱离工作重心。昭帝脾气还算好，听了大臣的进谏，淋池、桂台，该拆的拆，该填的填，就连最心爱的“云鹢号”也丢弃了。

宣帝地节元年[1]，乐浪[2]之东，有背明之国，来贡其方物。言其乡在扶桑之东，见日出于西方。其国昏昏常暗，宜种百谷，名曰“融泽”，方三千里。五谷皆良，食之后天而死。有浃日[3]之稻，种之十旬而熟；有翻形稻，言食者死而更生，夭而有寿；有明清稻，食者延年也；清肠稻，食一粒历年不饥。有摇枝粟，其枝长而弱，无风常摇，食之益髓；有凤冠粟，似凤鸟之冠，食者多力；有游龙粟，叶屈曲似游龙也；有琼膏粟，白如银，食此二粟，令人骨轻。有绕明豆，其茎弱，自相萦缠；有挟剑豆，其荚形似人挟剑，横斜而生；有倾离豆，言其豆见日，叶垂覆地，食者不老不疾。有延精麦，延寿益气；有昆和麦，调畅六府；有轻心麦，食者体轻；有醇和麦，为曲以酿酒，一醉累月，食之凌冬可袒；有含露麦，穟中有露，味甘如饴。有紫沉麻，其实不浮；有云冰麻，实冷而有光，宜为油泽；有通明麻，食者夜行不持烛，是苣蕂也，食之延寿，后天而老。其北有草，名虹草，枝长一丈，叶如车轮，根大如毂，花似朝虹之色。昔齐桓公[4]伐山戎，国人献其种，乃植于庭，云霸者之瑞也。有宵明草，夜视如列烛，昼则无光，自消灭也。有紫菊，谓之日精，一茎一蔓，延及数亩，味甘，食者至死不饥渴。有焦茅，高五丈，燃之成灰，以水灌之，复成茅也，谓之灵茅。有黄渠草，映日如火，其坚韧若金，食者焚身不热；有梦草，叶如蒲，茎如蓍[5]，采之以占吉凶，万不遗一；又有闻遐草，服者耳聪，香如桂，茎如兰。其国献之，多不生实，叶多萎黄，诏并除焉。

二年，含涂国贡其珍怪。其使云："去王都七万里。鸟兽皆能言语。鸡犬死者，埋之不朽。经历数世，其家人游于山阿海滨，地中闻鸡犬鸣吠，主乃掘取，还家养之，毛羽虽秃落更生，久乃悦泽[6]。"

‖注释‖ 1地节元年：汉宣帝的第二个年号，前有本始，后有年康。 2乐浪：乐浪郡。公元前108年，汉武帝在朝鲜半岛设置的四郡之一，此外还有玄菟郡、真番郡、临屯郡。 3浃（jiā）日：指十日。浃日稻十天便可成熟。 4齐桓公：名小白，春秋时期齐国的第十五位国君，春秋五霸之首。与其兄公子纠争夺王位，在鲍叔牙的帮助下取得胜利。 5蓍（shī）：《说文解字》，"蓍，蒿属。生十岁，百茎。"古时的占卜工具主要是蓍草和龟甲。 6悦泽：指羽毛焕彩如新。

<解说> 汉宣帝刘询，西汉的第十位皇帝。《汉书·宣帝纪》："孝宣皇帝，武帝曾孙，戾太子孙也。"宣帝是武帝的曾孙，年幼的时候因皇室内

乱，“后曾孙收养于掖庭，遂登至尊位”（《汉书·外戚传》上）。史书中的宣帝勤政爱民，任用贤能，是君主的典范。

乐浪郡之东，有一个背明国。《山海经·海外东经》：“汤谷上有扶桑，十日所浴。”《说文》中解释扶桑为“神木，日所出也”。扶桑是太阳每天上班出发的地方。背明国在扶桑之东，因此在那里看到的太阳是从西边升起的。宣帝地节元年，背明国来朝进贡，送了一麻袋的谷物。可不要小瞧它们，吃了就脱胎换骨。

看看都有什么。

一是水稻：浃日稻，十天就能成熟；翻形稻，吃了可以死而复生；明清稻，吃了可以益寿延年；清肠稻，吃一口可以多年不饿，不用担心吃饭问题。

二是小米：摇枝粟，有着修长的茎秆，所以比较柔软，没风的时候都一直在那晃啊晃啊，不过长成这样，吃了竟然可以补钙；凤冠粟，长得就跟它的名字一样，吃了可以增强体质，干起活来不知道累；游龙粟，叶子像游龙一样弯曲，吃了可以让身体变得轻飘飘的；琼膏粟，是众小米中最白净的一个，功能同上。

三是豆类：绕明豆，豆芽经常把自己缠在一起，解都解不开；挟剑豆，豆荚长得像一个人手持长剑，喜欢往歪里长；倾离豆，豆叶见到太阳后，会趴到地上，虽然看着丧丧的，但吃了可以拥有一副健康的身躯。

四是小麦：延精麦，吃了可以气色红润；昆和麦，吃了可以调养五脏六腑；轻心麦，功能同游龙粟；醇和麦，用它酿制的酒，喝了可以驱寒，大冬天光着膀子在外面跑都没问题；含露麦，就是穟中有甘露的小麦，可以当饮料喝。

五是麻类：紫沉麻，颗颗饱满；云冰麻，油脂特别多，一般用来制作食用油；通明麻，吃了就可以“通明”，跟猫类一样，可以夜视，还附带延寿功效。

除了谷物庄稼，背明国还带了一些奇珍异草，以供欣赏。

虹草，主要种植在该国的北部地区，无论是根茎还是叶子，都大得吓人。因花似朝虹之色，而得名。相传当年齐桓公讨伐古匈奴族时，背明国曾进献过虹草。

宵明草，初代“太阳能板”，白天跟正常草类一样，静静地进行光合作用，到了晚上，使劲发光发热。又有紫菊，甜甜的，跟代餐粉一样，吃了就不用吃饭了。焦茅，不仅是大高个，还非常有灵性，烧成灰之后，加点水会自己复原。此外，还有黄渠草、梦草、闻遐草等等，让宣帝大开眼界。宣帝本来想

着在宫里种点，可惜水土不行，种了一波全死了。

第二年，含涂国把本国的家畜当作贡品送来了。这些家畜和一般家里养的不太一样，都会说人话。曾经有一家人的鸡死了，埋的时候尸体一直没有腐烂，几年后出去游玩，突然听到地底下有鸡叫，就挖呀挖呀，最后挖出了当年埋掉的鸡。主人想，既然见了，就带回家吧。等鸡长出了毛，光光的，滑滑的，焕然若新生。

张掖郡[1]有郅族[2]之盛，因以名也。郅奇字君珍，居丧尽礼。所居去墓百里，每夜行，常有飞鸟衔火夹之，登山济水，号泣不息，未尝以险难为忧，虽夜如昼之明也。以泪洒石则成痕，着朽木枯草，必皆重茂。以泪浸地即咸，俗谓之“咸乡”。至昭帝嘉其孝异，表铭其邑曰“孝感乡”，四时祭祀，立庙焉。

‖注释‖ 1张掖郡：公元前111年，汉武帝在甘肃酒泉郡东边设张掖郡。《汉书·地理志》注：“张国臂掖，故曰张掖也。” 2郅族：《说文解字》：“北地郁致县。”郅族聚居在郁致县，在今甘肃省庆阳市。

<解说> 汉昭帝之世，西北边区有一位出了名的孝子，叫郅奇。

亲人去世后，郅奇日日尽礼服丧，泪水洒到石头上变成了泪痕，洒到枯草上能令其重生。郅奇有孝行是好的，但也太能哭了，最后硬是把地哭成了盐碱地，故乡因此有了新的名字——“咸乡”。

郅奇住的地方离墓地有百里的距离，汉朝晚上又没有路灯，尤其是墓地一般都在野地里，更是黑灯瞎火，真的伸手不见五指。或许是郅奇的孝行感动了上天，每次走夜路的时候，都有好几只鸟衔着火把为他照明。

郅奇的事一传十，十传百，成了热门头条，昭帝想不知道都难，就给咸乡评了个“孝感乡”，以示嘉奖。

汉成帝好微行，于太液池旁起宵游宫，以漆为柱，铺黑绨[1]之幕，器服乘舆[2]，皆尚黑色。既悦于暗行，憎灯烛之照。宫中美御，皆服皂衣[3]，自班婕妤以下，咸带玄绶，衣珮虽加锦绣，更以木兰纱绡罩之。至宵游宫，乃秉烛。宴幸既罢，静鼓自舞，而步不扬尘。好夕出游。造飞行殿，方一丈，如今之辇，选羽林[4]之士，负之以趋。帝于辇上，觉其行快疾，闻其中若风雷之声，言其行疾也，名曰“云雷宫”。所幸之宫，咸以毡绨藉地，恶车辙马迹之喧。虽惑于微行昵宴，在民无劳无怨。每乘舆返驾，以爱幸之姬宝衣珍食，舍于道旁，国人之穷老者皆歌“万岁”。是以鸿嘉、永始[5]之间，国富家丰，兵戈长戢[6]。故刘向、谷永指言切谏。于是焚宵游宫及飞行殿，罢宴逸之乐。所谓从绳则正，如转圜焉。

帝常以三秋闲日，与飞燕戏于太液池，以沙棠木[7]为舟，贵其不沉没也。以云母饰于鹢首，一名“云舟”。又刻大桐木为虬龙，雕饰如真，以夹云舟而行。以紫桂为柂枻[8]。及观云棹水，玩撷菱蕖，帝每忧轻荡，以惊飞燕，令佽飞之士[9]，以金锁缆云舟于波上。每轻风时至，飞燕殆欲随风入水。帝以翠缨结飞燕之裙，游倦乃返。飞燕后渐见疏，常怨曰：“妾微贱，何复得预缨裙之游？”今太液池尚有避风台，即飞燕结裙之处。

‖注释‖ 1黑绨（tí）：黑色的丝织品，厚实且光滑。秦汉时期多用绨作衣袍。 2乘舆：皇帝、诸侯出行时坐的专车。《新书·等齐》：“天子车曰乘舆，诸侯车曰乘舆，乘舆等也。” 3皂衣：秦汉时期的官服，黑色。 4羽林：汉代的宫廷禁卫军。“羽”是羽翼，“林”是树林，羽林军意为国家的羽翼，如林之盛。 5鸿嘉、永始：汉成帝刘骜在位时期用的第四个、第五个年号。永始元年，赵飞燕被立为皇后。 6兵戈长戢（jí）：戢，收藏的意思。兵戈长戢，将兵器都收藏起来，国泰民安，没有战乱的忧患。 7沙棠木：昆仑山上的神木，吃了可以掌握御水之术。《山海经·西山经》：“有木焉，其状如棠，黄华赤实，其味如李而无核，名曰沙棠；可以御水，食之使人不溺。” 8柂枻（duò yì）：船舵和船桨。 9佽（cì）飞之士：佽飞，也称佽非、次非，春秋时期楚国的一位勇士，后世以其名代指勇士。

<解说> 汉成帝刘骜，宣帝的皇嫡孙，父亲是汉元帝。成帝在位期间，汉初的“吕氏专权”重现，王太后一家的势力不断壮大。王太后大家可能不太熟悉，但一说王莽就知道，那位篡汉称王的人嘛！王莽是王太后的侄子，成帝登基时，王莽篡汉的伏笔就已经埋下了。汉成帝也不傻，知道朝政大权被舅舅家把控着，也进行了一些抗争，但成效不大，挣扎了几次，就彻底放弃了。

成帝“好微行”，《汉书》中早有记载。《汉书·成帝纪》：“上始为微行出。”张晏注：“若微贱之所为，故曰微行也。”说简单点，“微行”就是微服私访。成帝既不走皇宫正门，也不穿龙袍，积极主动地深入基层生活。

成帝有很多癖好，一个是特别喜欢黑夜出行。不仅如此，他对黑色还有一种莫名的痴迷。护卫穿黑衣还行，挺炫酷的，说得过去，但你让美人天天穿黑色衣裳，是不是有点太过分了。大半夜的，经常一行人黑压压地往太液池边的宵游宫走，玩一整晚，大早上再回宫。此外，成帝还特别享受飞驰的感觉，为此专门从羽林军中选拔了一个“云雷队”，专门负责抬辇。比如，成帝想兜风的时候，不管羽林军有没有任务在身，直接把“云雷队”召来，让他们抬着辇快跑，自己坐在辇上感受耳边呼啸而过的狂风。放到现在，成帝绝对是一个极限运动爱好者，什么赛车、跳伞、蹦极，一个都不会放过。

也不能天天坐辇，成帝通常情况下还是乘马车的，但又矫情得很，不喜欢马车压马路时“咕噜咕噜”的声音。怎么办呢？我是皇上，我有钱，我家的东西我不用谁用？快把绫罗绸缎全铺地上。成帝花起钱来一点也不心疼，送东西也大方得很，像平时出游，遇到路旁的百姓，就随手扔一些珠宝，救济了好多贫困户。在大臣看来，成帝的这种铺张浪费是应该制止的，但百姓不在乎啊，皇上多逛几次，大家几年都不用挨饿了。长此以往，汉朝的贫富差距缩小了不少，壮丁也多了，国家的军队战斗力有了显著提升。

从许皇后，到班婕妤，再到赵氏姐妹，成帝专宠的对象换了一波又一波，后宫里也一直不得安生。其中的王者要属赵飞燕，《汉书·外戚传下》：“鸿嘉三年，赵飞燕谮告许皇后、班婕妤挟媚道，祝诅后宫，詈及主上。许皇后坐废。”因为赵飞燕的诬告，许皇后和班婕妤都接连失宠，许皇后更是被废后位。短短两年时间，赵飞燕就当上了皇后。成帝整天带着赵飞燕在太液池游玩，效仿昭帝，自己也造了一个“云舟”，让赵飞燕在上面给自己跳舞。

《汉书·赵飞燕传》：“学歌舞，号曰飞燕。”《飞燕外传》中也记载“汉成帝皇后赵飞燕体轻，能为掌上舞”。赵飞燕的舞蹈功底是不容置疑的，专业能力很强。赵飞燕在成帝的云舟上嬉戏跳舞，风一吹，衣袂飘飘，感觉整个人要随风而去了。成帝十分担心，一边命人把云舟锁好，一边用丝带把飞燕的裙

子和自己的手系紧，生怕飞燕真被刮走了。太液池旁的避风台就是成帝专门为赵飞燕修建的，真的是为了避风。《汉书·哀帝纪》：“绥和二年三月，成帝崩。四月丙午，太子即皇帝位，谒高庙。”成帝驾崩后，哀帝即位，赵飞燕被尊为赵太后。尽管如此，赵飞燕最终的结果也是被废自杀，没落个好下场。

哀帝尚淫奢，多进谄佞。幸爱之臣，竞以妆饰妖丽，巧言取容。董贤以雾绡[1]单衣，飘若蝉翼。帝入宴息之房，命筵卿易轻衣小袖，不用奢带修裙，故使宛转便易也。宫人皆效其断袖。又曰，割袖恐惊其眠。

‖注释‖ 1 雾绡（xiāo）：绡，《说文解字》，“绡，生丝也。”雾绡就是像薄雾一样的生丝织品，一般用来制作头巾、纱裙。《文选·曹植》：“践远游之文履，曳雾绡之轻裾。”

＜解说＞ 汉哀帝刘欣，“断袖之癖”的主人公，虽然在位只有七年，但一直是大家议论的热点。

关于董贤，《汉书·佞幸传》：“贤传漏在殿下，为人美丽自喜，哀帝望见，说其仪貌。”董贤天生容貌好，不仅颜值高，情商也在线，很快成了哀帝身边的红人。董贤得到哀帝的宠信后，不仅有官做，还有源源不断的钱财。

董贤“常与上卧起。尝昼寝，偏藉上袖，上欲起，贤未觉，不欲动贤，乃断袖而起。其恩爱至此”。汉哀帝大早上急着上朝，结果董贤压住了他的袖子。哀帝怕吵醒董贤，二话不说就把自己的袖子割断了。这是《汉书》中对“断袖”的一种叙说。王嘉对“断袖”，有自己的解读：据说哀帝是嫌穿长袖行动不便，就让董贤改穿短袖衣衫，而且还引领了潮流，一时之间，宫人都穿起了短衫。

《汉书·平帝纪》：“元寿二年六月，哀帝崩，太皇太后诏曰：‘大司马贤年少，不合众心。其上印、绶，罢。’贤即日自杀。”哀帝驾崩后不久，太皇太后降罪于董贤，董贤不日便罢官自尽了。

后汉

明帝阴贵人[1]梦食瓜甚美。帝使求诸方国。时燉煌献异瓜种，恒山献巨桃核。瓜名“穹隆”，长三尺，而形屈曲，味美如饴。父老云：“昔道士从蓬莱山得此瓜，云是崆峒灵瓜，四劫[2]一实，西王母遗于此地，世代遐绝[3]，其实颇在。”又说：“巨桃霜下结花，隆暑方熟，亦云仙人所食。”帝使植于霜林园。园皆植寒果，积冰之节，百果方盛，俗谓之“相陵”，与霜林之声讹也。后曰：“王母之桃，王公之瓜，可得而食，吾万岁矣，安可植乎？”后崩，内侍者见镜奁[4]中有瓜、桃之核，视之涕零，疑非其类耳。

‖注释‖ 1阴贵人：阴丽华，光武帝刘秀之妻，明帝之母。 2四劫：佛教用语，指成劫、住劫、坏劫、空劫，四劫合为一大劫。世界处于形成、持续、破坏以及空虚四个阶段的循环往复中。 3世代遐绝：遐绝，长久的意思，这里是说灵瓜从此生长于崆峒。 4镜奁（lián）：古时女子用来盛放梳妆用品的小箱子，也叫妆奁、镜匣。

<解说> 公元8年，西汉灭亡。《汉书·王莽传》：“莽帅公侯卿士奉皇太后玺韨，上太皇太后，顺符命，去汉号焉。”王莽排除一切异己力量，连亲儿子都不放过，如其所愿，篡汉成功，建立了新朝。

每一个新朝代建立之初，都是百废待兴，经过一段时间的休养，才有精

力重点搞国家各方面建设。王莽就不，好不容易自己当了皇帝，一定要第一时间把王氏的政策、措施在全国推行。结果没几年，从北方开始，爆发了全国范围内的农民起义，以“绿林赤眉军”为代表。不到二十年的时间，新朝就覆灭了。公元25年，景帝之子——长沙定王的后代刘秀，扛起了刘家大旗，在河北千秋亭登基。《后汉书·光武帝纪》：“光武于是命有司设坛场于鄗南千秋亭五成陌。六月己未，即皇帝位。”中国自此进入东汉。

阴丽华，光武帝刘秀的结发妻子，在刘秀当皇帝之前，二人就已经成婚了。《后汉书·皇后纪》：“初，光武适新野，闻后美，心悦之。后至长安，见执金吾车骑甚盛，因叹曰：‘仕宦当作执金吾，娶妻当得阴丽华。’”娶阴丽华圆了刘秀多年来的梦想。

虽然是刘秀的妻子，但因为刘秀与郭氏的政治联姻，阴丽华最初并没有当正妻，直到刘秀登基，阴丽华也只封了一个贵人，但丝毫不影响夫妻二人的感情。

有一次，阴丽华做梦吃到一种特别好吃的瓜，醒来之后告诉了刘秀，本来只当一次梦，过去就算了。不想，刘秀竟然诏告四方，让各地进贡瓜果。敦煌县进献了穹窿瓜的种子，据说是崆峒山的灵瓜，西王母游于此地，灵瓜的种子不小心掉了下来。这颗种子就在崆峒山安家落户，开花结果，直到今世。恒山的百姓进献了巨桃核，这种桃树冬天开花，夏天结果，刚好跟其他水果的生长期错开，很有个性。刘秀掌握了巨桃的生长习性后，开始一心一意给媳妇种瓜。宫里有个霜林园，是刘秀给阴丽华辟出来的一片果园，专门用来种果树。灵瓜、巨桃种下后，刘秀时不时就去果园里转转，浇浇水，松松土，希望果子赶紧成熟，好让媳妇吃上。

刘秀在位第十七年，废掉皇后郭氏，册封阴丽华为皇后。“后在位恭俭，少嗜玩，不喜笑谑。性仁孝，多矜慈。”阴丽华不贪于享乐，性情还特别好，温柔端庄，有母仪天下的资格，可以说是皇后界的典范了。

章帝永宁[1]元年，条支国[2]来贡异瑞。有鸟名鳷鹊[3]，形高七尺，解人语。其国太平，则鳷鹊群翔。昔汉武帝时，四夷宾服，有献驯鹊，若有喜乐事，则鼓翼翔鸣。按庄周云“雕陵之鹊”，盖其类也。《淮南子》云：“鹊知人喜。”今之所记，大小虽殊，远近为异，故略举焉。

安帝好微行，于郊坰[4]或露宿，起帷宫[5]，皆用锦罽[6]文绣。至永初三年，国用不足，令吏民入钱者得为官。有琅琊王溥，即王吉之后。吉先为昌邑中尉。溥奕世衰凌，及安帝时，家贫不得仕，乃挟竹简插笔，于洛阳市佣书。美于形貌，又多文辞。来僦[7]其书者，丈夫赠其衣冠，妇人遗其珠玉，一日之中，衣宝盈车而归。积粟于廪，九族宗亲，莫不仰其衣食，洛阳称为善笔而得富。溥先时家贫，穿井得铁印，铭曰："佣力得富，钱至亿庾[8]，一土三田，军门主簿。"后以一亿钱输官，得中垒校尉[9]。三田一土，"垒"字也；中垒校尉掌北军垒门，故曰军门主簿。积善降福，神明报焉。

‖注释‖ 1永宁：汉安帝的年号，安帝为章帝之孙。章帝在位期间，一共有三个年号，建初、元和与章和，此处王嘉记载有误。 2条支国：西亚的古国名，《魏书·西域传》中称波斯为条支国。 3鳷（zhī）鹊：以喜鹊为原型而想象出来的神鸟。 4郊坰（jiōng）：郊外。《抱朴子·崇教》："射勇禽于郊坰。" 5帷宫：帝王出行时，用帷幕搭建的临时行宫。郑玄注《周礼》："谓王行，昼止有所展肄。若食息，张帷为宫。" 6罽（jì）：兽毛所制的丝织品。段玉裁注《说文解字》："毳者，兽细毛也。用作为布，是曰罽。" 7僦（jiù）：租借。 8亿庾：《诗经·小雅·楚茨》，"我仓既盈，我庾维亿。"亿，形容数量之多。庾，一说为露天的谷堆，堆积成山；一说为量词，十六斗为一庾。此处用以说明王家的富裕。 9中垒校尉：汉武帝时期设置的官职，负责京城北边的军事事务。

<解说> 汉安帝刘祜，东汉的第六位皇帝。光武帝之子为明帝，明帝之子为章帝，章帝之孙即安帝。

安帝在位时，西亚的条支国千里迢迢送来了一只鳷鹊。在民间传说中，鹊这种鸟类不仅能给人传来喜讯，还是国家兴亡的审判官。天下太平兴盛，它们就会经常扎堆开会，以表庆祝。文学创作中，鹊也常常作为祥瑞的象征。比如，《庄子》中有雕陵鹊，"庄周游乎雕陵之樊，睹一异鹊自南方来者，翼广七尺，目大运寸，感周之颡而集于栗林"（《庄子·山水》）。《淮南子》中

有乾鹊，“猩猩知往而不知来，乾鹊知来而不知往”（《淮南子·氾林》）。乾鹊就是喜鹊，家有喜事就会前来鸣叫。条支国来之前打听到了一些中原的民俗，特地给安帝献上了鴳鹊，图个吉利。看得出条支国拿出了很大的诚意。这只鴳鹊，长得同成年男子一般高，会人禽两种语言，和人交流起来毫无障碍。如果跟它交上了朋友，以后想上天就上天，想去哪儿就去哪儿。

汉安帝跟汉成帝刘骜有个相同的癖好——好微行，好好的皇帝不当，整天只知道出去露营野炊，组织团建活动。这样下来没几次，就不组织了。为什么呢？没钱了！《后汉书·安帝纪》：“三公以国用不足，奏令吏人入钱谷，得为关内侯、虎贲羽林郎、五大夫、官府吏、缇骑、营士各有差。”国库空虚，财政赤字。怎么办呢？卖官。不是都想当官吗？好，拿钱来，钱越多官越大。有一个叫王溥的年轻人，靠自己的才华和颜值，发家致富，买了个官——中垒校尉，主要负责京师的安全。

王溥，大家可能不太熟悉，也许根本没听过，但一提琅琊王氏都知道，就是那个“旧时王谢堂前燕”的王氏家族。王溥是琅琊王氏的后代，但是到了他这一代，家里穷得揭不开锅，再加上安帝推行的卖官政策，想要振兴王氏家族是有极大难度的。一次，王溥在挖井的时候，见到了一块铁印，上面内容大概是说：你日后会身价上亿，而且能找到一个有编制的工作。王溥想：现在的挖井工作似乎不适合我，应该另做打算。好在王溥看书多，脑子里知识多，写得一手好字，就在洛阳谋了个差事，专门给别人抄书，然后再租出去。长相一般的话，抄书也就只是抄书，赚点外快，偏偏王溥长得特别出众，这样的人抄出来的书，就特别火，经常有人租不到。夸张来讲，一天之内，王溥把买官的钱就赚够了，一下从贫困户变成了暴发户，家里的粮仓、衣物、珍宝多得堆不下。王溥成功地靠知识改变了命运。

灵帝初平[1]三年，游于西园，起裸游馆千间，采绿苔而被阶，引渠水以绕砌，周流澄澈。乘船以游漾，使宫人乘之，选玉色轻体者，以执篙楫，摇漾于渠中。其水清澄，以盛暑之时，使舟覆没，视宫人玉色。又奏《招商》之歌，以来凉气也。歌曰：“凉风起兮日照渠，青荷昼偃叶夜舒，惟日不足乐有余，清丝流管歌玉凫，千年万岁喜难逾。”渠中植莲，大如盖，长一丈，南国所献；其叶夜舒昼卷，一茎有四莲丛生，名曰“夜舒荷”；亦云月出则舒也，故曰“望舒荷”。帝盛夏避暑于裸游馆，长夜饮宴。帝嗟曰：“使万岁如此，则上仙也。”宫人年二七已上，三六已下，皆靓妆，解其上衣，惟着内服，或共裸浴。西域所献茵墀香，煮以为汤，宫人以之浴浣毕，使以余汁入渠，名曰“流香渠”。又使内竖[2]为驴鸣。于馆北又作鸡鸣堂，多畜鸡，每醉迷于天晓，内侍竞作鸡鸣，以乱真声也。乃以炬烛投于殿前，帝乃惊悟。及董卓破京师，散其美人，焚其宫馆。至魏咸熙[3]中，先所投烛处，夕夕有光如星。后人以为神光，于此地立小屋，名曰“余光祠”，以祈福。至魏明末，稍扫除矣。

‖注释‖ 1 初平：灵帝在位期间，共有四个年号：建宁、熹平、光和、中平。初平实际是汉献帝的年号。 2 内竖：皇帝身边的小侍从，未及冠，不到二十岁，主要负责给皇上传达一些琐碎事务。 3 咸熙：魏元帝曹奂的第二个年号。王嘉误将咸熙当作魏文帝曹丕的年号。曹奂，曹操的孙子，后被迫禅位给司马炎，中国历史进入西晋时期。

<解说> 汉灵帝刘宏，东汉的第十一位皇帝。

灵帝在位期间，发生了很多重要历史事件，家喻户晓。比如，《三国演义》中记载的以张角为首的黄巾起义就是在这时爆发的；中国第一所皇家艺术专科学校——鸿都门学，也是灵帝时期建立的，无论贫贱富贵都可以来报到上学。

中平三年（186），灵帝一时兴起，投入建造了一座大型花园——西园，供自己游玩，单是房子就建了上千间。再来看其他设施：先是在公园台阶上铺满青苔；台阶之下就是渠水，如果想要到别的亭子里去，只能乘船；渠水之中种的是望舒荷。

望舒，传说中的月御，月神的专职司机。

《离骚》：“前望舒使先驱兮，后飞廉使奔属。”屈原就曾幻想着望舒能带着自己上天，还有飞廉护驾。后世一般也用望舒代指月亮。望舒荷的名字就与月亮相关。望舒荷，也叫夜舒荷。《酉阳杂俎》：“灵帝时，有夜舒荷，一茎四莲。其叶夜舒昼卷。”只有月亮出现的时候才会舒展自己的叶子。望舒荷长一丈，有车盖那么大，一根茎上可以开四朵荷花，是并蒂莲的升级版。

灵帝在全国范围内海选美女，让她们进宫侍奉自己。到了盛夏，灵帝带着美女们到西园避暑，一起沐浴。要说这泡澡水，可是经过精心调制的，用的是西域进贡的茵墀香，洗了之后浑身香喷喷的。灵帝还懂得废物利用，泡澡用的水直接引入到渠水中，渠水从此有了自己的名字——流香渠。现在看来，这简直就是暴殄天物，但在灵帝自己看来，这就是神仙般的生活，我多逍遥自在！

除了喜欢聚众沐浴，灵帝还喜欢角色扮演游戏。《后汉书·孝灵帝纪》："是岁帝作列肆于后宫，使诸䌽女贩卖，更相盗窃争斗。"政事上插不上手，我自己玩可以吧！于是，灵帝在后宫摆起了小摊，让宫人扮演小商小贩，自己也穿着商人的衣服，和商贩们讨价还价。

演了一段时间，腻了，灵帝又开始尝试新的娱乐项目。"驾四驴，帝躬自操辔，驱驰周旋，京师转相放效。"坐车不用马拉，换成驴车，灵帝自己驾着驴在京城里飙车，一时公卿贵族纷纷效仿，弄得全国驴价上涨。玩完驴，灵帝又迷上了鸡叫，天天让宫人学鸡叫，把宫里的鸡都扰得精神错乱了。等到董卓攻破京师，一把火把灵帝的快乐天堂全烧了。

献帝伏皇后，聪惠仁明，有闻于内则[1]。及乘舆为李傕[2]所败，昼夜逃走，宫人奔窜，万无一生。至河，无舟楫，后乃负帝以济河，河流迅急，惟觉脚下如有乘践，则神物之助焉。兵戈逼岸，后乃以身拥遏于帝。帝伤趾，后以绣拭血，刮玉钗以覆于疮，应手则愈。以泪湔[3]帝衣及面，洁静如浣。军人叹伏：虽乱犹有明智妇人。精诚之至，幽祇之所感矣。

‖注释‖ 1内则：《礼记》中有《内则》篇，主要记载一些古时妇女所要遵循的礼仪制度。这里的内则是指伏皇后遵守妇道。 2李傕：东汉末年的军阀之一，本是董卓的部下。董卓死后，李傕占领长安，把控朝政，后被曹操灭三族。 3湔（jiān）：洗。

<解说> 汉献帝刘协，灵帝的第二个儿子，汉朝的最后一位皇帝。献帝即位之前，他的倒霉兄长——少帝，在位不到一年，就被废黜了，成了宦官和外戚两大组织斗争的牺牲品。倒霉的事情还没结束，少帝被废不到一年，又因为董卓的胁迫，遭遇了生死危机。《后汉书》中记载了少帝死前的最后一句话：

“卿王者妃，势不复为吏民妻。自爱，从此长辞！”你们自己照顾好自己，自重自爱！说完，便饮下了毒酒。年仅十八的少帝，自尽了。

献帝虽然继位了，但生逢乱世，兄弟俩都命途多舛。

没过多久，董卓的旧部李傕打进了长安，把汉献帝逼得夜渡黄河。《后汉书·皇后纪》：“帝乃潜夜度河走，六宫皆步行出营。”六宫全体出逃。到了黄河岸边，众人找来找去，就是找不到船的影子。眼看追兵就要来了，伏皇后情急之下背起献帝就往河里冲。那日似乎有神相助，帝后二人在河中行进极快，仿佛脚底生风，衣衫都没有被浸湿。途中，献帝的小脚趾被划伤了。伏皇后为了保护自家的柔弱皇帝，也被追兵刺伤了，衣服上到处都是血。上岸后，伏皇后顾不上看自己的伤势，赶紧先去帮献帝处理伤口。

奇怪的事情发生了。

伏皇后的绣帕碰到献帝伤口的瞬间，伤口痊愈了，不仅止了血，连手术后续工作都省了。伏皇后的泪水滴到献帝的衣服上，血迹都消失不见了，衣服被泪水洗得干干净净。围观士兵看到后，一传十，十传百，伏皇后智勇双全的名号很快传开了。

公元196年，建安元年，曹操正式上线，挟天子以令诸侯，掌控了朝政大权，献帝就乖乖做了个傀儡皇帝。

伏皇后不甘心，暗地里想着谋杀曹操，自家的皇帝一看就指望不上，干脆自己动手，不想事情败露，反被曹操杀害。伏皇后死前，路过献帝身旁，心里抱着最后的希望。献帝说了一句：“我亦不知命在何时！”现在的形势你我都知道，我连自己的命都保不住，怎么保你呢？最后都难逃一死。

献帝好不容易熬到曹操下线，想要舒口气，没想到曹丕更狠，直接让献帝把皇位禅让给自己，以魏代汉。公元220年，中国历史进入魏晋南北朝时期。

郭况，光武皇后之弟也，累金数亿，家僮四百余人，以黄金为器，工冶之声，震于都鄙[1]。时人谓：“郭氏之室，不雨而雷。”言其铸锻之声盛也。庭中起高阁长庑，置衡石于其上，以称量珠玉也。阁下有藏金窟，列武士以卫之。错杂宝以饰台榭，悬明珠于四垂，昼视之如星，夜望之如月。里语曰：“洛阳多钱郭氏室，夜日昼星富无匹。”其宠者皆以玉器盛食，故东京谓郭家为“琼厨金穴”。况小心畏慎，虽居富势，闭门优游，未曾干世事，为一时之智也。

‖注释‖ 1 都鄙：周朝公卿、士大夫、王族子弟的封邑。《周礼·天官·大宰》：“以八则治都鄙。”郑玄注：“都鄙，公卿大夫之采邑，王子弟所食邑。”

<解说> 郭况，光武帝第一位皇后——郭氏的弟弟。

《后汉书·皇后纪》：“帝善况小心谨慎，年始十六，拜黄门侍郎。”郭况的职位是东汉的黄门侍郎，《后汉书·百官志》：“黄门侍郎，六百石。掌侍从左右，给事中，关通中外。及诸王朝见于殿上，引王就座。”相当于侍从的总长官，是皇帝的近侍。可见光武帝对郭况的信任，再加上有个皇后姐姐，郭况很快被封绵蛮侯。

当时，郭况既红又有权，皇帝还时不时来家里坐坐。这一坐，带来的就是大把的钱财，“赏赐金钱缣帛，丰盛莫比，京师号况家为金穴”。据说，郭家的庭院中有一块衡石，是专门用来称量金银珠宝的。

有钱人的苦恼来了：珠宝太多怎么办？

家里不是有亭台楼阁吗？全部用珠宝装饰；工人不是嫌工资低吗？四百多人全部涨工资。主仆们用的器具，不是黄金就是白玉。用不了的金银，就全部搬进藏金窟，花重金聘用武士日夜守护。因此，坊间小儿传唱：“洛阳多钱郭氏室，夜日昼星富无匹。”再看郭况这个人，虽然家财万贯，但是贵在有先见之明，不像曹操那样想当个乱世枭雄，成就一番大事业。郭况没事就外出旅游，悠闲自在地度过了一生，可谓明智。

刘向于成帝之末，校书天禄阁[1]，专精覃思[2]。夜有老人，着黄衣，植青藜杖，登阁而进，见向暗中独坐诵书。老父乃吹杖端，烟燃，因以见向，说开辟已前。向因受《洪范五行》[3]之文，恐辞说繁广忘之，乃裂裳及绅[4]，以记其言。至曙而去，向请问姓名。云：“我是太一之精，天帝闻金卯之子有博学者，下而观焉。”乃出怀中竹牒，有天文地图之书，“余略授子焉”。至向子歆，从向受其术，向亦不悟此人焉。

‖注释‖ 1 天禄阁：《三辅黄图》，“天禄阁，藏典籍之所，萧何所造。”汉代的国家图书馆，扬雄、刘向、刘歆都在天禄阁整理校对过古籍。天禄阁位于现今陕西省西安市未央区。 2覃思：深思。 3洪范：洪，大也；范，法也。《洪范》是《尚书》中的一篇，内容主要是商朝人总结出来的治国方法。《尚书·洪范》："武王胜殷，杀受，立武庚，以箕子归，作《洪范》。"商朝灭亡后，纣王的叔父箕子曾向周武王讲述治国之法，整理出来就是《洪范》。 4绅：郑玄注《礼记》，"绅，带之垂者也。"古时人腰中系带，垂下的腰带部分称为绅。

＜解说＞ 刘向，汉代标志性的文学家，主要历经宣、元、成三朝。

对于中文学科的学生来说，刘向这个人是绝对不会忽视的，主要在于刘向对中国文学的贡献颇大。研究楚文化，离不开《楚辞》；了解纵横学说，离不开《战国策》；学习古代杂史小说，离不开《说苑》，这些都是刘向在任期间整理编订的。

成帝在位时，刘向等人领命负责图书整理工作，工作地点就在国家图书馆天禄阁。《资治通鉴·汉纪》："诏光禄大夫刘向校经传、诸子、诗赋，步兵校尉任宏校兵书，太史令尹咸校数术，侍医李柱国校方技。"刘向负责文学典籍整理，任宏负责校对兵书，尹咸负责算术整理，李柱国负责整合方术之学，每个人的任务都分得清清楚楚。

接下重大任务后，刘向天天琢磨怎么顺利地开展工作，殚精竭虑，费尽了心神，经常半夜加班。一天晚上，刘向如往常一样待在天禄阁看书，正在苦思冥想，忽然一阵风把门吹开了，门口站了位黄衣老人。老人等了会儿，发现刘向没有丝毫的察觉，就吹了吹拐杖头，青烟冒出，自己仙气满满地登场了。为了奖励刘向，黄衣老人将《洪范五行》传授给了他，也就是后世所传的《洪范五行传论》。

事实上，关于《洪范五行传论》的来历，史书中有明确记载：《拾遗记》只是在其基础上进行神化改写。《资治通鉴·汉纪》："因《尚书·洪范》，集合上古以来，历春秋、六国至秦、汉符瑞、灾异之记，推迹行事，连傅祸福，著其占验，比类相从，各有条目，凡十一篇，号曰《洪范五行传论》。"《尚书》中本有《洪范》篇，刘向结合历史的灾异记载：与书中所记的理论相比较，将理论与实践结合起来看，从而整理出了《洪范五行传论》。

老人吧啦吧啦说了一夜，连水都顾不上喝。眼看天要亮了，黄衣老人打算离开，刘向这才想起来还没有问老人的姓名，着急忙慌地拦下老人。黄衣老人说：“我是天上太一星所化，之所以来这里，是因为天帝听说人间有个博学多才的人，让我来看看。对了，我这里有一些天文地图方面的书，既然你喜欢读书，那就都送给你吧！我也好回去交差。”说完，黄衣老人化作一缕青烟不见了。

得到天帝的肯定后，刘向激动得不行，更加认真投入工作，顺利完成了任务，年末业绩位居第一。

贾逵年五岁，明惠过人。其姊韩瑶[1]之妇，嫁瑶无嗣而归居焉，亦以贞明见称。闻邻中读书，旦夕抱逵隔篱而听之。逵静听不言，姊以为喜。至年十岁，乃暗诵六经。姊谓逵曰：“吾家贫困，未尝有教者入门，汝安知天下有《三坟》《五典》而诵无遗句耶？”逵曰：“忆昔姊抱逵于篱间听邻家读书，今万不遗一。”乃剥庭中桑皮以为牒，或题于扉屏，且诵且记。期年，经文通遍。于闾里每有观者，称云振古无伦。门徒来学，不远万里，或襁负[2]子孙，舍于门侧，皆口授经文，赠献者积粟盈仓。或云：“贾逵非力耕所得，诵经口倦，世所谓舌耕也。”

‖注释‖ 1韩瑶：正史中没有记载此人，只有《三国演义》中出场过。韩瑶为西凉大将军韩德的儿子，后被赵云所杀。 2襁负：《说文解字》：“襁，负儿衣也。”用来包裹婴儿的被子。襁负，用被子包裹婴儿于背

<解说> 贾逵，东汉著名的经学家，有“通儒”之称，其学问主要来自两处：

一是家学。

贾逵的父亲贾徽，师从刘向、刘歆父子，本身就是经学大家。《后汉书·贾逵传》：“贾逵悉传父业，弱冠能诵《左氏传》及《五经》本文。”贾逵小小年纪跟着父亲学习，二十岁就熟读《诗》《书》《礼》《易》《春秋》，“性恺悌，多智思，俶傥有大节”，性子又比较温顺，喜欢思考，待人有礼，在当时是典型的青年才俊。

二是听书。

贾逵年幼的时候，姐姐某次抱着他去听邻里讲课，这种传说要建立在贾家贫穷的基础上。贾逵小小一只，窝在姐姐怀里，不吵不闹，就安安静静听课。姐姐一看，看孩子也不难嘛，挺乖的，就经常带弟弟去听课。

贾逵长到十岁，姐姐偶然发现弟弟在背经书，就问他："我们家挺穷的，没有让你专门读过书，你怎么知道这些经书的，还背得这么熟？"贾逵老实回答："小时候姐姐一直带我去听课，我慢慢就记下来了。"原来家里有个小神童呢！

为了让弟弟好好读书，两人把家里的桑树皮剥下来作木简，在上面记各种笔记。这种学习方法，最终铸造了"通儒"贾逵。

成了名师之后，贾逵的门徒遍布各地，好多人千里迢迢来求学，有钱人家的子弟还使劲往老师家里送粮食，贾家的粮仓都快堆不下了。就跟百姓靠耕种糊口一样，贾逵靠着口授经书，养活了一家人。

何休木讷多智，《三坟》《五典》，阴阳算术，河洛谶纬[1]，及远年古谚，历代图籍，莫不咸诵也。门徒有问者，则为注记，而口不能说。作《左氏膏肓》《公羊废疾》《穀梁墨守》，谓之"三阙"[2]。言理幽微，非知机藏往[3]，不可通焉。及郑康成[4]锋起而攻之，求学者不远千里，赢粮而至，如细流之赴巨海。京师谓康成为"经神"，何休为"学海"。

‖注释‖ 1谶纬：谶，秦汉时期儒生编造出来的预示吉凶的隐语；纬，汉代学者为附会儒家经义而衍生出来的一类书籍。谶纬之学把经学神化，是一种宗教神学体系，而且有官方的支持，代表作有《春秋纬》《孝经纬》《论语纬》。 2三阙：何休的代表作，主要是对《左传》《公羊传》《穀梁传》的得失进行评判。按照《后汉书》记载：何休是公羊学派的代表学者。所以，"三阙"应当为《左氏膏肓》《公羊墨守》《穀梁废疾》，《拾遗记》记载有误。 3知机藏往：《周易·系辞上》，"神以知来，知以藏往。"博通古今，不仅对前人之言熟知，还能预知未来之事。 4郑康成：郑玄，字康成，东汉末年的经学家。郑玄治经兼采今文经学和古文经学，极大地推动了汉代经学的发展，是汉代经学的集大成者。郑玄所注经书主要有《周礼》《仪礼》《礼记》《诗经》等，其注对于后世理解儒家文化起到了重要作用。

＜解说＞ 在中国历史上能够著书立说的人，主要有两类，要么能说，要么能写。

能说，讲的是语言表达能力强，一方面抒发自己的见解，形成自己的学说，得到别人的认可。另一方面，自己的学说要有人继承，所谓“传道授业解惑”，老师必须用自己的方法将思想教授给弟子，形成一派学说。从孔子教授三千弟子，到战国时期的纵横策士游说各国，大家的绝佳口才是毋庸置疑的。前面所说的苏秦、张仪就是其中的典型代表。

当然，不能强求所有的人都能言善辩，也有一些个例。这些个例就是能写的一类。

首先要提的是韩非。《史记·老子韩非列传》：“非为人口吃，不能道说，而善著书。与李斯俱事荀卿，斯自以为不如非。”韩非创立了法家学说，算是站在山顶的人吧，但有口吃的毛病，说话说不溜，平时上课发言都卡卡顿顿的。这也挡不住人家能写，唰唰唰，《说难》《孤愤》《五蠹》就完成了。

再来就是东汉的经学家何休。

何休本想步入政途，但不太顺利，干脆关起门来好好读书著书，闷声干大事。何休倒不是口吃，只是不善言谈，不爱说话。《后汉书·何休传》：“休为人质朴讷口，而雅有心思，精研‘六经’，世儒无及者。”不爱说话到什么程度呢？如果学生来问问题，要事先在纸上写好，老师看过后，会直接在纸上解答。当了几年的学生，可能都没跟老师说过话。

按照《拾遗记》所说，何休的“三阙”是《左氏膏肓》《公羊废疾》《穀梁墨守》，其实是《左氏膏肓》《公羊墨守》《穀梁废疾》（《后汉书·何休传》）。从书名就可以看出，何休是独尊《公羊传》的。就因为这一偏见，引发了“何郑之辩”。

郑玄，与何休同时期的经学家，但二人是不同的派系。何休是主张今文经学的，郑玄则站在古文经学一边。

何为今文经？汉惠帝之世，国家开展古籍整理工作，四处寻访老儒生，以口耳传授的方式，让六经流传于世。因为记载时用的是当时通用的隶书，所以称这一套六经为今文经。

何为古文经？指秦始皇统一中国之前的儒家典籍，虽然经历了焚书坑儒，但民间有幸藏了一些，直到汉初被陆续发现。相对于何休的偏见，郑玄就比较客观，他认为《春秋》三传各有优缺，专门写了文章来反驳何休。何休看了之后也心服口服。

郑玄因为这场论争，一战成名，被世人称为“经神”。被称为“学海”的何休，许多著作已佚，仅有《春秋公羊解诂》流传后世，保存在《十三经注疏》中。

任末年十四时，学无常师，负笈不远险阻。每言：“人而不学，则何以成？”或依林木之下，编茅为庵，削荆为笔，克树汁为墨。夜则映星望月，暗则缕麻蒿以自照。观书有合意者，题其衣裳，以记其事。门徒悦其勤学，更以静衣易之。非圣人之言不视。临终诫曰：“夫人好学，虽死若存；不学者虽存，谓之行尸走肉耳！”河洛[1]秘奥，非正典籍所载，皆注记于柱壁及园林树木，慕好学者，来辄写之。时人谓任氏为“经苑”。

‖注释‖ 1 河洛：指河图和洛书。《礼记·礼运》：“河出马图”，伏羲之世，曾有龙马从黄河中出来，神龟从洛水中出来，龙马和神龟背上所绘的图案就叫河图、洛书。相传，伏羲依据此图创立八卦。

<解说> 任末，又一位中国历史上的勤学代表。

任末十四岁的时候，还没有入固定的师门，为了追求更高的理想，背着书箱四处辗转。

任末有句名言，经常挂在嘴边：“人而不学，则何以成？”作为一个正常人类，要是不好好读书学习，是永远无法成功的！虽然有些片面，但是在古时候，穷人想要飞黄腾达，只有读书一条路。万一碰上个九品中正制盛行的年代，只能自认倒霉。

家里条件不好，任末没钱住旅馆，求学之路特别艰辛。

任末住的是自己临时搭建的茅草屋，用的是荆条削成的笔和树汁做成的墨水，白天在刺眼的阳光下看书，晚上就靠着月光，烧野草取光，视力越来越差。一有感悟，任末就写到衣服上。等到任末自己成了大师，弟子们都争着抢着想要用新衣换老师写满文字的旧衣。衣服上写满还不算，据说，任末家里的墙上、树上都是笔记，其对《河图》《洛书》的解读尤为珍贵，经常有仰慕者前来抄写，“任苑”成了热门景点。

史书中的任末还是一个极重情义之人。

《后汉书·儒林列传》：“友人董奉德于洛阳病亡，末乃躬推鹿车，载奉德丧致其墓所，由是知名。”中国讲究落叶归根，好朋友病死在洛阳，任末就自己拉着董奉德的棺材，将他送到了故乡安葬。“后奔师丧，于道物故”，任末是死在奔丧途中的。临终前，任末对侄儿任造说了最后的话：“请一定要把我的尸体放到老师的家门口，让我尽作为弟子最后的礼节。”

曹曾，鲁人也。本名平，慕曾参[1]之行，改名为曾。家财巨亿，事亲尽礼，日用三牲之养，一味不亏于是。不先亲而不食新味也。为客于人家，得新味则含怀而归。不畜鸡犬，言喧嚣惊动于亲老。时亢旱，井池皆竭。母思甘清之水，曾跪而操瓶，则甘泉自涌，清美于常。学徒有贫者，皆给食。天下名书，上古以来，文篆讹落者，曾皆刊正，垂万余卷。及国难既夷[2]，收天下遗书于曾家，连车继轨，输于王府。诸弟子于门外立祠，谓曰曹师祠。及世乱，家家焚庐，曾虑先文湮没，乃积石为仓以藏书，故谓曹氏为“书仓”。

‖注释‖ 1 曾参：曾子，名参，字子舆，孔子晚年收的学生，是儒家的代表人物，被后世奉为“宗圣”。 2 国难既夷：指公元25年，光武帝刘秀在洛阳建立东汉王朝一事。

<解说> 《后汉书·儒林列传》：“济阴曹曾字伯山，从歙受《尚书》，门徒三千人。”曹曾，师从欧阳歙学习《尚书》，跟上文所讲的几位不太一样。

其一，曹曾家里有钱，而且是个有涵养、有孝心的有钱人。凡事以父母为重，家里上了新菜都要第一时间让父母品尝；父母想要喝甘清之水，曹曾亲自上手去打水；家里不养鸡犬，原因是担心吵到小区的其他住户；遇到家里条件

不好的学徒，慷慨负责伙食。

其二，在有钱的基础上，曹曾还负责古籍的校对工作，发展藏书事业。天下的名书，基本上都被曹曾收集到了。东汉末年，社会局势动荡，曹曾担心古籍遭受战火之灾，便斥巨资修建书库来藏书，曹氏因此有了“书仓”的美称。

卷柒

魏

文帝所爱美人，姓薛名灵芸，常山人也。父名邺，为鄮[1]乡亭长，母陈氏，随邺舍于亭傍。居生穷贱，至夜，每聚邻妇夜绩，以麻蒿自照。灵芸年至十五，容貌绝世，邻中少年夜来窃窥，终不得见。咸熙元年，谷习出守常山郡，闻亭长有美女而家甚贫。时文帝选良家子女，以入六宫。习以千金宝赂聘之，既得，乃以献文帝。灵芸闻别父母，歔欷[2]累日，泪下沾衣。至升车就路之时，以玉唾壶承泪，壶则红色。既发常山，及至京师，壶中泪凝如血。帝以文车十乘迎之，车皆镂金为轮辋，丹画其毂，轭[3]前有杂宝为龙凤，衔百子铃，锵锵和鸣，响于林野。驾青色骈蹄之牛，日行三百里。此牛尸屠国所献，足如马蹄也。道侧烧石叶之香，此石重叠，状如云母[4]，其光气辟恶厉之疾。此香腹题国所进也。灵芸未至京师数十里，膏烛之光，相续不灭，车徒咽路，尘起蔽于星月，时人谓为"尘宵"。又筑土为台，基高三十丈，列烛于台下，名曰"烛台"，远望如列星之坠地。又于大道之傍，一里一铜表，高五尺，以志里数。故行者歌曰："青槐夹道多尘埃，龙楼凤阙望崔嵬。清风细雨杂香来，土上出金火照台。"此七字是妖辞也。为铜表志里数于道侧，是土上出金之义。以烛置台下，则火在土下之义。汉火德王，魏土德王，火伏而土兴，土上出金，是魏灭而晋兴也。灵芸未至京师十里，帝乘雕玉之辇，以望车徒之盛，嗟曰："昔者言'朝为行云，暮为行雨'[5]，今非云非雨，非朝非暮。"改灵芸之名曰"夜来"，入宫后居宠爱。外国献火珠龙鸾之钗。帝曰："明珠翡翠尚不能胜，况乎龙鸾之重！"乃止不进。夜来妙于针工，虽处于深帷之内，不用灯烛之光，裁制立成。非夜来缝制，帝则不服。宫中号为"针神"也。

‖注释‖ 1酂（zàn）：酂城，位于今河南省永城市。 2歔欷（xū xī）：抽泣。 3轭：《说文解字》，"轭，辕前也。"汉代人出行时，车前的两侧有两条并列的衡木，叫作辕。辕前和牲口相接的地方又有一条曲木，卡在牲口的脖子上，这条曲木就是轭。 4云母：矿石名，一种六边形的片状晶体，不导电，耐高温，且耐潮，当代主要用于制作电气设备。 5朝为行云，暮为行雨：出自战国末期楚国宋玉所作的《高唐赋》。《高唐赋》序言中讲述了楚怀王与巫山神女的一日爱情故事。

<解说> 一提到曹丕，最先想到的就是他和曹植自相残杀的剧情。曹植一句"本是同根生，相煎何太急"，把哥哥一下打到恶人行列，背了几千年的锅。

其实，曹植之所以没有落个好下场，和他自己的性格有很大关系。

曹丕曾在《典论·论文》中说："文人相轻，自古皆然。"自古以来，文人都有一个毛病，互相看不上，特别清高。曹植就是里面的一个。

作为文人，曹植的文学创作是一流的，但就他的性情来说，不仅孤傲，还喜欢张扬，一有聚会，他绝对能成为全场的焦点。被曹丕打败后，不安分待着，偏偏跟人家反着来。曹丕发布个政令，正在全国范围内推行，曹植非要公开反抗，说反话："你这样做不对！你不配当君主！"把曹丕气个半死，自己的傻弟弟不帮自己也就算了，光知道坑自己。按照曹植这样的性格，万一当了皇帝，国家能不能治理好，还真不好说呢。

曹丕的帝王之位，其实是早有预兆的。

《三国志·文帝纪》记载：曹丕出生时，“有云气青色而圜如车盖，当其上终日，望气者以为至贵之证，非人臣之气。”天生就是要当皇上的。《后汉书·孝献帝纪》：“冬十月乙卯，皇帝逊位，魏王丕称天子。”汉献帝禅位于曹丕，东汉历史宣告结束，曹丕也就上台当上了魏文帝。

魏文帝时，民间有一位传奇女子，名叫薛灵芸，擅长针线活，被传为“针神”。薛灵芸有个当亭长的父亲，官职跟刘邦当年的泗水亭长差不多。

灵芸长到十五岁，坊间传言“薛亭长家的女儿是个仙女”，所以经常有年轻小伙儿大半夜来偷窥，结果一直看不到真容。适逢文帝择选良家女子入宫，常山郡守谷习花大价钱把薛灵芸买了过来，打算进京献给皇上。进京的途中，薛灵芸哭得没停，眼泪掉到随手拿的小壶里，直接变成了血水。

文帝这边，一收到谷习的消息，就开始准备迎接薛灵芸了。首先，花车派了十辆，上面挂满了宝玉和铃铛。拉车的不是常见的马，而是尸屠国进献的青牛，牛脚长得跟马蹄一样，跑得既快又稳。其次，京师方圆十里的路上，都点上石叶香。一路上不仅烛火不灭，而且每一里都堆个铜表，专门为薛灵芸的车队照明引路。

这还不够，文帝又在城里建了个三十丈的高台，台下密密麻麻全是蜡烛，高台因此得名“烛台”。

对于铜表、烛台的建造，民间歌谣唱道：“土上出金火照台。”什么意思呢？土上出金指的是在地上建铜表，火照台就是说烛火位于高台之下。用汉代盛行的五行相生相克学说来解读，土指的是曹魏政权，火指的是汉政权，金指的是西晋政权。那么，“火照台”即汉亡魏兴，“土上出金”即魏亡晋兴，预示着曹魏政权的灭亡。

薛灵芸入宫后，文帝给她改了个名，叫“夜来”。有一次，属国进献了一只火珠龙鸾钗，十分华丽，文帝拿到手里掂了掂，直接给退回去了。侍从不解，就冒死问了一下，文帝说：“那钗子好看是好看，就是太重了，夜来美人戴着不便，不如不要。”

南唐张泌的《妆楼记》中记载了一条野史：“夜来初入魏宫，一夕，文帝在灯下咏，以水晶七尺屏风障之。夜来至，不觉面触屏上，伤处如晓霞将散，自是宫人俱用胭脂仿画，名晓霞妆。”本来就是简单看望一下皇上，没想到不小心撞上了屏风，破了个相。美人就算破相，也是好看的。张泌是怎么描述的呢？“如晓霞将散”，脸上被蹭伤的地方隐隐发红，透着粉色，就像晚霞将要散尽时的景色一样。

“针神”之称又是怎么来的呢？

夜来自小跟着母亲学习针线活，女红做得特别好。进宫以后，夜来整天除了吃、喝、见皇上，其余时间就自己做衣服。做衣服除了针线，还要有灯，还要有尺子，还要有……夜来只用针线就能裁制好新衣服。制好的衣服当然是给皇上穿了，也因此惯了个文帝的坏毛病，不是夜来制的衣服不穿！

魏明帝起凌云台，躬自掘土，群臣皆负畚锸[1]，天阴冻寒，死者相枕。洛、邺诸鼎，皆夜震自移。又闻宫中地下，有怨叹之声。高堂隆[2]等上表谏曰：“王者宜静以养民，今嗟叹之声，形于人鬼，愿省薄奢费，以敦俭朴。”帝犹不止，广求瑰异，珍赂是聚，饬[3]台榭累年而毕。谏者尤多，帝乃去烦归俭，死者收而葬之。人神致感，众祥皆应。太山下有连理文石，高十二丈，状如柏树，其文彪发，似人雕镂，自下及上皆合，而中开广六尺，望若真树也。父老云：“当秦末，二石相去百余步，芜没无有蹊径。及魏帝之始，稍觉相近，如双阙。”土石阴类，魏为土德，斯为灵征。苑囿及民家草树，皆生连理。有合欢草，状如蓍，一株百茎，昼则众条扶疏，夜则合为一茎，万不遗一，谓之“神草”。沛国有黄麟见于戊己之地，皆土德之嘉瑞。乃修戊己之坛，黄星炳夜。又起昴毕之台，祭祀此星，魏之分野，岁时修祀焉。

‖注释‖ 1 畚锸（běn chā）：土木工程中经常用到的两件工具。畚，盛土的工具；锸，起土的工具。 2 高堂隆：曹魏的重臣。曹叡在位期间大兴土木，耗费人力财力，高堂隆多次进谏。去世前，高堂隆留下遗言，要求死后薄葬。 3 饬：通“饰”，装饰的意思。

<解说> 魏氏三祖中的曹操、曹丕都介绍过了，接下来就该魏明帝曹叡了。

曹叡，曹丕的长子，自小就有过目不忘的技能。《三国志·明帝纪》：“一经耳目，终不遗忘。”即位后，曹叡独揽大权，国家的政治文化工作进行得特别顺利。

有个喜欢干事的皇帝是好，但也不好。就拿魏明帝来说吧，建楼建楼，偏要自己动手去挖土盖楼。大臣们一看皇上都亲自上手了，不干不行呐，赶紧拿着工具去干活。皇上累了就歇歇，喝口水，大臣可不一样了，没有皇上的命令，敢歇吗？就这样，好几个老实人直接把命送了出去。

这样下去肯定不行，到时候大臣都累倒了，国家怎么办？

为了国家的长远发展，高堂隆冒死进谏：“皇上，我觉得您以后还是不要去工地了，您一来大家都为难。现在死的死，伤的伤，连国库都快空了，能不能稍微收敛一下？”魏明帝一开始还不听，后来进谏队伍越来越壮大，魏明帝不得不放弃自己的建房事业，宣扬人道主义精神，把之前死于建房的大臣好好安葬了。

曹魏政权以土德称王，民间因此衍生出很多关于土德将兴的传言，专业一点来说，就是谶言。比如，传言泰山之下有一块连理石，高十二丈，远看跟真树一样。始皇帝在位时，两块石头相距百步，到了魏明帝之世，石头就抱在一起了；传言好多人家里都长出了连理树；传言有合欢草，一株可以长上百条茎，小茎条白天自己玩自己的，晚上再抱团取暖；传言有黄色麒麟惊现于世；等等，就差摇旗大喊“曹魏政权好”了。为了感谢上天所降的祥瑞，曹魏专门建了戊己坛和昴毕台，净心祭祀，希望上天保佑曹魏基业能够千秋万代。

任城王彰，武帝之子也，少而刚毅，学阴阳纬候之术，诵《六经》《洪范》之书数千言。武帝谋伐吴、蜀，问彰取便利行师之决。王善左右射，学击剑，百步中髭发。时乐浪献虎，文如锦斑，以铁为槛，梟殷之徒，莫敢轻视。彰曳虎尾以绕臂，虎弭耳[1]无声。莫不服其神勇。时南越献白象子在帝前，彰手顿其鼻，象伏不动。文帝铸万斤钟，置崇华殿，欲徙之，力士百人不能动；彰乃负之而趋。四方闻其神勇，皆寝兵自固。帝曰：“以王之雄武，吞并巴蜀，如鸱衔腐鼠耳！”彰薨，如汉东平王[2]葬礼。及丧出，空中闻数百人泣声。送者皆言，昔乱军相伤杀者，皆无棺椁[3]，王之仁惠，收其朽骨，死者欢于地下，精灵知感，故人美王之德。国史撰《任城王旧事》三卷，晋初藏于秘阁。

‖注释‖ 1弭耳：《六韬·发启》，“猛兽将搏，弭耳俯伏。”野兽发动进攻之前，会收敛自己的凶气。文中的“弭耳”指的是猛虎被驯服后的安顺状态。 2汉东平王：即刘苍，刘秀和阴丽华生的第二个儿子，汉明帝刘庄的弟弟，一直受到尊宠。东平国，光武帝刘秀所封的诸侯国之一，刘苍是首任国君。刘苍死后，汉章帝为其举办了隆重的葬礼。 3棺椁（guǒ）：棺材和外面的套棺。周朝，不同等级的人所用的棺椁是有制度规定的。《礼记·檀弓上》：“天子之棺四重：水兕革棺被之，其厚三寸；也棺一；梓棺二。”对于天子的棺椁来说，一共有四重。贴身的棺材外要盖一层水牛皮，厚三寸；再外一层的棺材由椴木制成；再外两层均用梓木制成。

<解说> 任城王曹彰，是个典型的武将，既不像哥哥曹丕那样有政治手段，又不像弟弟曹植那般腹有诗书。

曹彰从小跟着曹操四处征战，对作战之事熟得很，加上自身条件好，很快就在军中崭露头角。曹操召开攻打吴蜀的战略会议，曹彰就是重要的参会人员，一些想法常常得到认可。

《三国志·魏书》中说曹彰“膂力过人，手格猛兽，不避险阻”，不仅勇猛有力，可以背起万斤钟，还能徒手制服野兽。

乐浪郡进献了一只猛虎，朝中没有一个人敢动。曹操点名让儿子上，曹彰也不敢有怨言，撸起袖子，一把抓住老虎的尾巴，在自己胳膊上绕两圈，猛虎被制服后，立马变乖。

又有南越国进献了一头白象，这次不用叫，曹彰自觉上前一步处理。大象虽然比老虎大，但没有老虎那么凶猛，处理起来比较容易。曹彰用手使劲按住白象的鼻子，白象就安生了。

曹丕即位第三年，曹彰被封为任城王。

曹彰有多重要呢？

用曹丕的话来说：“以王之雄武，吞并巴蜀，如鸱衔腐鼠耳！”有弟弟你在，我们老曹家肯定能够一统天下。可惜，被封任城王不到一年，曹彰就去世了。

《三国志·魏书》："四年，朝京都，疾薨于邸，谥曰威。至葬，赐銮辂、龙旂，虎贲百人，如汉东平王故事。"曹丕也是特别宠爱这个听话的弟弟，按照东汉东平王的葬礼规格给曹彰下葬，赐予銮驾、龙旗，还送了一百个虎贲勇士。任城王下葬那天，全城的百姓都来送葬，感念任城王曾经的仁德。史官更是专门撰写了《任城王旧事》，希望任城王的仁德之名流芳百世。

建安[1]三年，胥徒国献沉明石鸡，色如丹，大如燕，常在地中，应时而鸣，声能远彻。其国闻鸣，乃杀牲以祀之，当鸣处掘地，则得此鸡。若天下太平，翔飞颉颃[2]，以为嘉瑞，亦谓"宝鸡"。其国无鸡，听地中候晷刻。道家云："昔仙人桐君采石，入穴数里，得丹石鸡，舂碎为药，服之者令人有声气，后天而死。"昔汉武帝宝鼎[3]元年，西方贡珍怪，有虎魄燕，置之静室，自于室中鸣翔，盖此类也。《洛书》云："皇图之宝，土德之征，大魏之嘉瑞。"

‖注释‖ 1 建安：东汉献帝刘协的第五个年号。建安时期的文学，"雅好梗概""志深笔长"，文人注重抒发个人的壮志豪情，带有慷慨之气，对中国文学发展的走向起到了引领作用，标志着中国文学创作由自发进入自觉。代表人物有曹操、曹丕、曹植父子，以及建安七子。 2 颉颃（xié háng）：《诗经·邶风·燕燕》，"燕燕于飞，颉之颃之。"颉颃，指鸟儿在空中上下飞翔。 3 宝鼎：当作元鼎。《汉书·武帝纪》曰："元鼎四年夏六月，得宝鼎后土祠旁，作《宝鼎之歌》。"宝鼎，三国时期吴主孙皓的年号。

<解说> 汉献帝在位时，胥徒国进献了一只沉明石鸡。沉明石鸡的个头长得跟燕子差不多，跟普通鸡相比，它责任感更强烈，报时更精准，而且声音传得特别远。

胥徒国使者说，他们国家的人偶然听到有鸡叫，在地面上搜罗了一遍都找不到，最后掘地三尺，好不容易才挖到了这个石鸡。石鸡还有个名字，叫"宝鸡"，据说沉明石鸡只会在太平之世出现，带给国家祥瑞，跟汉武帝时的虎魄

燕差不多，因此有“宝鸡”之名。所以，石鸡出土后，胥徒国举国杀牲祭祀，感谢天降祥瑞。

关于沉明石鸡的出土，后人又强加附会，开始拍曹魏的马屁，说石鸡是土德之物，预示着曹魏政权的崛起。

沉明石鸡不仅是祥瑞的代表，还能入药。这个发现要归功于桐君仙人。

《严州府志》：“上古桐君，不知何许人，亦莫详其姓字。尝采药求道，止于桐庐县东隈桐树下。”桐君仙人的来历无人知晓，只知道他是个采药仙人。之所以称作“桐君”，是因为每当路人问他姓名时，不知道是因为有社交恐惧症，还是懒得说话，他只会用手指头指指桐树。一天，桐君天人像往常一样采药，突然看到了石鸡。回家之后，桐君仙人把石鸡处理了一下，经多重加工研制成药丸，新的长生药品就面世了。

如今浙江省桐庐县就有桐君山，为药祖圣地。

明帝即位二年，起灵禽之园，远方国所献异鸟殊兽，皆畜此园也。昆明国贡嗽金鸟。国人云：“其地去燃洲九千里，出此鸟，形如雀而色黄，羽毛柔密，常翱翔海上，罗者得之，以为至祥。闻大魏之德，被于荒远，故越山航海，来献大国。”帝得此鸟，畜于灵禽之园，饴以真珠，饮以龟脑。鸟常吐金屑如粟，铸之可以为器。昔汉武帝时，有人献神雀，盖此类也。此鸟畏霜雪，乃起小屋处之，名曰“辟寒台”，皆用水精为户牖，使内外通光。宫人争以鸟吐之金用饰钗佩，谓之“辟寒金”。故宫人相嘲曰：“不服辟寒金，那得帝王心？”于是媚惑者，乱争此宝金为身饰，及行卧皆怀挟以要宠幸也。魏氏丧灭，池台鞠[1]为煨烬[2]，嗽金之鸟，亦自翱翔矣。

‖注释‖ 1鞠：穷尽。 2煨（yù）烬：焚烧过后留下的灰烬。王安石《外厨遗火》：“图书得免同煨烬，却赖厨人清不眠。”

<解说> 汉明帝刘庄，东汉的第二位皇帝，刘秀的亲儿子，母亲是阴丽华。

汉明帝在位期间，政绩也算突出，对付外戚宗室、收拾豪强团伙、促进内外交流，一个都没落。除了政绩值得夸赞一番，汉明帝本人自有人格魅力，尊师就是一个闪光点。

《后汉书·桓荣丁鸿列传》："显宗即位，尊以师礼，甚见亲重。"汉明帝当上皇帝后，桓荣身价上涨，直接晋升帝师。老师身体稍微有点不舒服，全体御医出动。后来桓荣去世，汉明帝"亲自变服"，前去送葬。

不像汉成帝、汉安帝那样喜欢微行，汉明帝的兴趣爱好是养鸟，宫中的灵禽园就是明帝的私人养鸟基地。

林子大了什么鸟都有，其中必然有最显眼的一只，能够得到汉明帝的特殊对待。赢家就是嗽金鸟，天天吃的是珍珠（即真珠），喝的是龟脑。

嗽金鸟有什么独特之处呢？

从字面来理解，这种鸟能咳出金子。小金吃饱了咳两声，地上掉的就是金子。宫里的人顺手捡点回去，制成金饰，打扮得漂漂亮亮的，然后就能在皇上面前争宠了。小金小小一只，虽然天赋异禀，但身娇体弱，特别怕冷，稍稍一降温，就直打哆嗦。可把汉明帝心疼死了，立马下令给小金建了一个辟寒台，里面常年如春，小金就这样一直待在宫里。如果是在宫外，小金咳个金子出来，路人可就捡到宝了。

咸熙二年，宫中夜有异兽，白色光洁，绕宫而行。阉宦见之，以闻于帝。帝曰："宫闱幽密，若有异兽，皆非祥也。"使宦者伺之，果见一白虎子，遍房而走。候者以戈投之，即中左目。比往取视，惟见血在地，不复见虎。搜检宫内及诸池井，不见有物。次检宝库中，得一玉虎头枕，眼有伤，血痕尚湿。帝该古博闻，云："汉诛梁冀[1]，得一玉虎头枕，云单池国所献，检其颔下，有篆书字，云是帝辛之枕，尝与妲己同枕之。是殷时遗宝也。"又按《五帝本纪》云，帝辛殷代之末。至咸熙多历年所，代代相传。凡珍宝久则生精灵，必神物凭之也。

魏禅晋之岁[2]，北阙下有白光如鸟雀之状，时飞翔来去。有司闻奏帝所。罗之，得一白燕，以为神物，于是以金为樊，置于宫中。旬日不知所在。论者云：“金德之瑞。昔师旷时，有白燕来巢。”检《瑞应图》，果如所论。白色叶于金德，师旷晋时人也，古今之义相符焉。

‖注释‖ 1梁冀：东汉时期的外戚，妹妹是汉顺帝的皇后。梁冀为人残暴不仁，依仗自己的实力在朝中结党营私。梁家在他手里，出了三位皇后、六位贵人、两位将军，朝中党羽遍布。梁冀后被汉桓帝灭族。 2魏禅晋之岁：公元262年，曹奂禅位给司马炎，司马炎改国号为泰始，西晋王朝建立。

<解说> 魏元帝曹奂，明面上是曹魏的最后一位皇帝，其实是个傀儡，天下当时已经归属司马氏了。

公元265年，即咸熙二年，亦即泰始元年，《资治通鉴》：“十二月，壬戌，魏帝禅位于晋。”这一年里，晋武帝司马炎称帝，魏元帝曹奂被废，西晋王朝建立。

曹奂在被废之前，宫里发生了一件怪事，这件事让曹奂预感到了曹氏即将下台的命运。

一天夜里，宫人在检查宫门的时候，忽然看到一个浑身发光的白色异兽窜了进来，第二天一早就赶去向曹奂报告。曹奂一听，觉得深宫里出现异兽，这不是什么好事啊，就下令抓捕异兽。搜捕小分队等了好久，才发现了异兽的身影，原来是一只小白虎。虽然毛茸茸的很可爱，但是君令在上，小分队只能下狠心去刺。这一刺，就把小白虎的左眼刺瞎了。小分队正要去抓的时候，小白虎突然凭空消失了。宫里开启地毯式搜索，草丛没有，井里没有，房顶没有。就在小分队打算领死的时候，有人在藏金库里发现了一个玉虎枕头，上面留有血渍，像是刚染上的。小分队赶紧把枕头抱给曹奂看。曹奂毕竟是皇上，从小读书，见多识广，一下认出了玉虎枕头是殷商时期的古物，重点是它是帝辛用过的枕头，这不就是说：你现在就跟帝辛一样，要当亡国之君了。

果然，还没到年底，皇位就被抢了。曹奂想得开，被废就被废吧，反正这个皇上当得也憋屈。司马炎对待废帝曹奂还算是仁慈，非但没有赶尽杀绝，反倒封他为陈留王，让曹奂的后半生衣食无忧。

司马炎登上皇位后，也需要有人来为自己宣传，证明曹魏灭亡的必然性以及晋朝存在的合理性。因此，新王朝刚刚建立，民间就有了传言。据说，新皇帝刚登基，宫里就有白燕飞来飞去。老百姓没文化，不知道白燕有什么稀奇的。这时，学者站了出来，对于这种现象做出了如下解释：

“昔日师旷弹琴，能够通于神灵，引来白鹄集聚。现今的白燕，就跟当年的白鹄一样，是祥瑞之兆，而且师旷还是晋国人，更是天佑我大晋朝。大家一起努力，好好干，皇上会带领我们一起迈进全新的时代。”

学者的这个解释，正合司马炎的心意。流言传得多了，大家也就慢慢接受了。换个朝代又怎么样，老百姓关心的一直都是庄稼粮食。

薛夏，天水人也，博学绝伦。母孕夏时，梦人遗之一箧衣云：“夫人必产贤明之子也，为帝王之所崇。”母记所梦之日。及生夏，年及弱冠[1]，才辩过人。魏文帝与之讲论，终日不息，应对如流，无有疑滞。帝曰：“昔公孙龙[2]称为辩捷，而迂诞诬妄；今子所说，非圣人之言不谈，子游、子夏[3]之俦[4]，不能过也。若仲尼在魏，复为入室焉。”帝手制书与夏，题云“入室生”。位至秘书丞。居生甚贫，帝解御衣以赐之，果符元所梦。名冠当时，为一代高士。

‖注释‖ 1弱冠：《礼记·曲礼上》，“二十曰弱，冠。”古代男子二十岁称弱冠，此时要行冠礼。冠，成年男子戴的帽子，行冠礼意味着以后要束发戴冠，以示成年。 2公孙龙：名家学派的代表人物，擅长论辩，因混淆概念而陷入诡辩。最有名的是关于“白马非马”的论辩，把抽象的概念当作实体来看待。 3子游、子夏：孔子的弟子。孔门有德行、政事、言语、文学四科，其中以文学擅长的就是子游、子夏。 4俦（chóu）：类，这里指子游、子夏一类的人。

<解说> 曹操、曹丕父子俩都特别喜欢一个学者，叫薛夏。《魏略·薛夏传》里面说，薛夏“博学有才，与贾洪等七人共为儒宗”。

薛夏出生之前，母亲梦到有人送她一箱衣服还说：“夫人，您的孩子以后定是一位贤明之士，会受到帝王的赏识。”薛夏没有辜负预言，及冠之年，已经是天水的名人了。

一个人太过优秀，就容易遭人嫉妒。薛夏的祸事果然来了。当时天水有四大姓——姜、阎、任、赵，老排挤薛夏，甚至用计让薛夏入狱。四大姓也是倒霉，动谁不好，偏偏动曹操的人。这下好了，惊动了上头，最后还连累了家族。

薛夏被曹操救出来后，直接被授予官职，步入仕途。

再说曹丕，父亲在的时候，不好抢人，等到父亲不在了，自己当了皇帝，“与夏终日讨论书传”，天天跟薛夏在一起探讨学术问题。曹丕作为薛夏的忠实粉丝，夸起人来一点都不含蓄：“如果孔老夫子在世，凭借我们薛夏的博学多识，肯定能当上夫子的入室弟子，和子游子夏比起来，毫不逊色。”

薛夏虽然当了官，有皇上在后面撑腰，但是一向节俭，平时讨论问题的时候，穿的衣服很简朴。曹丕看不下去，直接把自己的衣服脱下来送给薛夏，这还不够，还往薛府送了好几箱。薛夏不好推脱，就乖乖收下了。

田畴，北平人也。刘虞[1]为公孙瓒[2]所害，畴追慕无已，往虞墓设鸡酒之礼，恸哭之音，动于林野，翔鸟为之凄鸣，走兽为之吟伏。畴卧于草间，忽有人通云：“刘幽州来，欲与田子泰言平生之事。”畴神悟远识，知是刘虞之魂。既近而拜，畴泣不自支，因相与进鸡酒。畴醉，虞曰：“公孙瓒求子甚急，宜窜伏以避害！”畴拜曰：“闻君臣之义，生则尽礼，今见君之灵，愿得同归九地，死且不朽，安可逃乎！”虞曰：“子万古之贞士也，深慎尔仪！”奄然不见，畴亦醉醒。

‖注释‖ 1刘虞：东汉末年的政治家，曾担任过幽州的长官，有了“刘幽州”之称。刘虞在任期间，主张对当地的游牧民族采用怀柔政策，与公孙瓒发生了冲突，最后被公孙瓒杀害。 2公孙瓒：主张对游牧民族采用强硬手段，使其归服，与刘虞意见对立。

<解说> 乱世就是计划赶不上变化，群雄并起，稍微不注意，自家的大旗可能就倒了。下面就拿一例来说说。

东汉末年，河北有个出了名的义士，叫田畴，二十岁开始就跟着刘虞干，是刘虞的得力助手。很不幸，刘虞因与公孙瓒发生冲突，被公孙瓒杀掉了。田畴因为任务在身，没能赶上见刘虞最后一面。

刘虞对于田畴而言，是伯乐一样的存在。而且，刘虞是举孝廉出身，为人清廉，十分得民心。

《后汉书·刘虞公孙瓒陶谦列传》：“民夷感其德化，自鲜卑、乌桓、夫余、秽貊之辈，皆随时朝贡，无敢扰边者，百姓歌悦之。”

田畴准备好酒菜，到刘虞的墓前祭拜，哭声惊动了林野里的鸟兽，最后直接哭得晕过去了，梦里迷迷糊糊听到有人在叫自己，仔细一看，原来是刘虞的魂魄。刘虞劝田畴：“你不要太难过了，现在公孙瓒一定在四处找你，你还是赶快找好藏身之处吧。”田畴说：“您不用劝我了，君臣之义本该如此，逃跑是小人懦夫才做的事，我一定要为您报仇！”

田畴带着自己的复仇大队加入了曹操的阵营，间接完成了复仇大业。建安四年，《三国志·公孙瓒》：“瓒自知必败，尽杀其妻子，乃自杀。”公孙瓒遭到袁绍的伏击，大败自杀。袁绍把公孙瓒的首级送到了曹操那里。

田畴性子特别刚，曹操都不敢惹。据《三国志·田畴传》记载：袁尚死后，曹操下令“三军敢有哭之者斩”。袁尚之前征召过田畴，田畴感念其恩，前往吊唁。曹操知道后，也拿他没办法。

曹洪，武帝从弟[1]，家盈产业，骏马成群。武帝讨董卓，夜行失马，洪以其所乘马上帝。其马号曰“白鹄”。此马走时，惟觉耳中风声，足似不践地。至汴水，洪不能渡，帝引洪上马共济，行数百里，瞬息而至。马足毛不湿。时人谓为乘风而行，亦一代神骏也。谚曰：“凭空虚跃，曹家白鹄。”

‖注释‖ 1 从弟：曾祖父相同但父亲不同，且年幼于自己的同辈男性。

< 解说 > 曹洪，曹操的从弟，两人不是亲兄弟。

公元 190 年，初平元年，曹操讨伐董卓，不想被打败了，半夜忙着逃命，把马都累倒了。情急之下，曹洪把自己的“白鹄”马让给曹操。要说这白鹄可不是一般军队养的马，曹操骑上之后感觉自己都快飞起来了，耳边只有“呼呼呼”的风声。行到汴水，曹洪没马过不了河。曹操一看，伸手把曹洪拉上了马，两个人一起过河。白鹄一见主人上来了，跑得更快了，一下就到了目的地，身上的毛儿没有沾上一滴水。曹氏兄弟因此度过了一劫。

这一段明显又在神化描写。那么，真实情况是什么样子呢？

《三国志》里记载：曹操依旧被董卓打败了，依旧没有马骑，依旧得到了弟弟曹洪的马。不一样的是，曹洪“步从到汴水，水深不得渡，洪循水得船，与太祖俱济，还奔谯”。并没有白鹄马的出场，一行人是步行到了汴水，最后乘船逃到了谯郡。

从献马救主的情节，可以看出曹洪还是个忠臣，但最后被自家侄子坑了。

《魏略》：“文帝在东宫，尝从洪贷绢百匹，洪不称意。”曹丕当太子的时候，知道曹洪家里有钱，就想借点布匹，没想到被拒绝了。这件事，曹丕每次想起来，都气得睡不着。等到自己当了皇帝，曹丕就开始算账了。《三国志·曹洪传》：“以舍客犯法，下狱当死。”曹丕借口门客犯法，打算趁机处死曹洪。大臣们纷纷去进谏，曹丕不听；卞太后、郭皇后去劝说，曹丕不听；亲儿子曹叡去求情，曹丕还是不听。最后曹洪自己上书谢罪，被贬为庶人，才免去一死。

卷捌

吴

孙坚母妊坚之时，梦肠出绕腰，有一童女负之，绕吴阊门[1]外，又授以芳茅一茎。童女语曰："此善祥也，必生才雄之子。今赐母以土，王于翼、轸之地[2]，鼎足于天下。百年中应于异宝授于人也。"语毕而觉，日起筮之。筮者曰："所梦童女负母绕阊门，是太白之精，感化来梦。"夫帝王之兴，必有神迹自表，白气者，金色。及吴灭而践晋祚[3]，梦之征焉。

‖注释‖ 1 阊门：苏州的八大城门之一，也叫破楚门。 2 翼、轸之地：吴国在天上的分野，其星象变动会影响国家政策措施的制定。 3 祚：指司马炎登基，西晋建立。祚还有上天赐福的意思，《国语》："皇天嘉之，祚以天下。"上天赐福于天下万民。

<解说> 《三国志·孙坚传》："孙坚字文台，吴郡富春人，盖孙武之后也。"这个"盖"字一出，就不确定孙坚的祖上到底是不是孙武了。要知道，古人都喜欢给自己找一个厉害的先人，凸显出自己的不凡，究竟是不是一家人，也都不好说。就比如孙坚，说自己是孙武的后代，先不管是不是事实，首先一听就很有面子，就是要干大事的人。

孙坚不仅祖上厉害，连出生也是跟黄帝、孔子一样，都是有吉兆的。《吴书》："母怀妊坚，梦肠出绕吴昌门，寤而惧之，以告邻母。邻母曰：'安知非吉征也。'"《拾遗记》就是在《吴书》的基础上进行改编的。孙坚出生之前，他母亲做了一个梦，梦到自己的肠子从肚子里跑了出来，紧接着一个小女孩拉着肠子绑到了吴地的阊门。

这个阊门有什么独特之处呢？《吴越春秋》记载：“立阊门者，以象天门。”阊门，苏州的八大城门之一。春秋时期，对于吴国来说，阊门具有特殊的意义，它正对的是楚国，吴王阖闾出征攻打楚国时，就是从此门出发的，阊门因此又有“破楚门”之称。

梦里的小女孩把东西绑好后，顺带送了一根茅草给孙坚的母亲，说：“你家的孩子以后一定能干大事，成为传奇人物，说不定还能称王呢。”孙坚的母亲醒来后，便找人来占卜。占卜的人一看结果，也说是个好梦，“没事没事，不用担心，回家以后吃好喝好，你家孩子以后定会出人头地的，孙家自此也会崛起。”

等到孙坚出生，长大成人，“容貌不凡，性阔达，好奇节”，长着一副要干大事的样子。他先是跟着张角组织起义，后又率兵讨伐董卓，成为割据一方的诸侯。

吴主赵夫人，丞相达[1]之妹。善画，巧妙无双，能于指间以彩丝织云霞龙蛇之锦，大则盈尺，小则方寸，宫中谓之“机绝”。孙权常叹魏、蜀未夷，军旅之隙，思得善画者使图山川地势军阵之像。达乃进其妹。权使写九州方岳之势。夫人曰：“丹青之色，甚易歇灭，不可久宝；妾能刺绣，作列国方帛之上，写以五岳河海城邑行阵之形。”既成，乃进于吴主，时人谓之“针绝”。虽棘刺木猴[2]，云梯飞鸢[3]，无过此丽也。权居昭阳宫，倦暑，乃褰紫绡之帷，夫人曰：“此不足贵也。”权使夫人指其意思焉。答曰：“妾欲穷虑尽思，能使下绡帷而清风自入，视外无有蔽碍，列侍者飘然自凉，若驭风而行也。”权称善。夫人乃扴发[4]，以神胶续之。神胶出郁夷国，接弓弩之断弦，百断百续也。乃织为罗縠[5]，累月而成，裁为幔，内外视之，飘飘如烟气轻动，而房内自凉。时权常在军旅，每以此幔自随，以为征幕。舒之则广纵一丈，卷之则可纳于枕中，时人谓之“丝绝”。故吴有“三绝”，四海无俦其妙。后有贪宠求媚者，言夫人幻耀于人主，因而致退黜。虽见疑坠，犹存录其巧工。吴亡，不知所在。

‖注释‖ 1达：赵达，三国时期东吴的一名方士，将妹妹送给孙权为妾。赵达精于测算，但对于自己的技艺闭口不提，没有传于后世。 2棘刺木猴：《韩非子·外储说》中记载，有卫国人声称可以在荆棘尖头雕刻出母猴的样子。这里以木猴、云梯、飞鸢，来与赵夫人的手艺形成对比，突出其技艺的高超。 3云梯飞鸢：公输子可以木造云梯，墨子可以木制飞鸢。 4拼（zhé）发：散开头发。拼有折、散的意思。 5縠（hú）：带褶皱的丝织品，用细纱纺织而成，质地轻薄透亮。

＜解说＞ 《三国演义》有三绝——“忠绝”“智绝”“奸绝”，而孙权的赵夫人，一人就身怀三绝——“针绝”“机绝”“丝绝”，合起来通俗讲，就是擅长针线活。

一是“针绝”。

孙权常年行军打仗，一天不知道怎么回事，终于想起来自己似乎少了一张地图。没有地图怎么行军打仗？没有地图怎么排兵布阵？没有地图怎么分析战争局势？

这时候，赵达说：“主公，我家妹妹多才多艺，说不定能帮上忙。”孙权看了看四周，眼下也没有人能使啊，“那就让你妹妹来试试吧。”说完，赵达就领着妹妹来了。孙权也不多说，直接让人画，要求就是画出山川地势。

妹妹也是很有主见的人，权衡了一下，说：“如果画地势图，丹青容易掉色。我刺绣还算可以，不如给您绣一幅地图？”咦？这么厉害吗？孙权想，既然这样，那就再好不过了。孙权点点头就同意了。几天后，刺绣地图完成了，妹妹把它献给孙权，当时的人看到成品后，就送了俩字——“针绝”。妹妹因为这件事，成了孙权的夫人。

二是“机绝”。

“机绝”应该跟机器有关吧？不。赵夫人干活不用机器，“能于指间以彩丝织云霞龙蛇之锦”，用纤细的双手就能织成锦绣，自己的手就是机器。赵夫人织出来的锦绣有大有小，大的可以当披肩用，小的直接当手绢使。

三是“丝绝”。

夏天热啊，孙权把紫绡帐撩开降暑，希望能通通风，凉快点。赵夫人看到后，说：“这个紫绡帐虽然好看，但要是想消暑，掀开它也起不了多大作用。”

孙权知道夫人肯定又有了好主意。

赵夫人说："我可以做一个网状的纱帐，它可以自己生风，而且不会影响视线。"网状的，透风的，不影响视线的，这不就是蚊帐吗？说完，夫人先把头发散开了。孙权还没有搞清楚状况，就见夫人拿着自己的头发丝儿开始编织工作了。头发丝儿不够长怎么办？用郁夷国产的神胶来续。过了几个月，蚊帐织成了。孙权自此爱上了蚊帐，到哪儿都带着，而且不占地方，一卷就行了。

虽说技多不压身，但太优秀了就容易引人注意，招来祸患。赵夫人就是因为宫里其他人的胡言乱语渐渐失宠，夫人的锦绣在吴亡后也遗失了。

吴主潘夫人，父坐法，夫人输入织室[1]，容态少俦，为江东绝色。同幽者百余人，谓夫人为神女，敬而远之。有司闻于吴主，使图其容貌。夫人忧戚不食，减瘦改形。工人写其真状以进，吴主见而喜悦，以虎魄如意抚按即折，嗟曰："此神女也，愁貌尚能惑人，况在欢乐！"乃命雕轮就织室，纳于后宫，果以姿色见宠。每以夫人游昭宣之台，志意幸惬，既尽酣醉，唾于玉壶中，使侍婢泻于台下，得火齐指环，即挂石榴枝上，因其处起台，名曰环榴台。时有谏者云："今吴、蜀争雄，'还刘'之名，将为妖矣！"权乃翻其名曰榴环台。又与夫人游钓台，得大鱼。王大喜，夫人曰："昔闻泣鱼，今乃为喜，有喜必忧，以为深戒！"至于末年，渐相谮毁[2]，稍见离退。时人谓"夫人知几其神"。吴主于是罢宴，夫人果见弃逐。钓台基今尚存焉。

‖注释‖ 1 织室：宫中的丝织作坊，里面的织工大多是奴婢之身。《三辅黄图·未央宫》："织室，在未央宫，又有东西织室，织作文绣郊庙之服。"织室所产的衣服主要用于郊庙祭祀场合。 2 谮（zèn）毁：诋毁、诽谤。

<解说> 孙权的皇后，名叫潘淑，出身不好，虽然高居后位，但最后也是死于非命。《资治通鉴》里写道："斯事也，实吴用事之臣所为也。"说的是，潘皇后之死，其实是因为下面的大臣看不惯女人临朝称制、独掌大权，才做了手脚。

《建康实录》："神凤元年皇后潘氏暴崩于宫中。后讳淑，会稽句章人，后自织室召入。" 刚开始，潘淑的父亲犯了事，连累了一家人。潘淑和姐姐一起，被收押到纺织局工作。和她们一起被关着的有一百多号人，唯独潘淑样貌出众。

潘淑的美貌之名传到了孙权的耳朵里，孙权不信，就让人先把潘淑的画像送来。画卷一展开，孙权一看就激动了，对手下说："她满面愁容都这么好看，你说她要是笑了，得美成什么样子啊！你赶紧派人把她接进宫来，别干什么粗活了。"就这样，潘淑成了孙权的夫人。

孙权得了新夫人后，出去玩只带她。

两人经常去的地方就是昭宣台。昭宣台比较高，视野开阔，两人在台上小酌几杯，很有闲情雅致。潘淑喝够了，把嘴里的酒吐到玉壶里，侍婢顺手倒到了台下。没想到在下面发现了一个火齐环，孙权看到旁边有棵石榴树，就把火齐环挂在树上，还在边上建了一个新台子——环榴台。正在建的时候，有人进言："环榴台的名字实在不吉利，'环榴'不就是'还刘'吗，难道我们打不赢老刘家？"孙权一想，确实是，这名字明摆着要输了，不行不行，必须改名字。环榴台建成之后，就改叫榴环台。

潘淑也不是一直得宠，失宠之路是由一条鱼开始的。

一次，孙权和潘淑一起出去钓鱼，钓到了一个据说是很大很大的鱼。孙权正高兴着呢，潘淑这时候插了一句："有喜就有忧。"人家正高兴着呢，你就非要泼冷水，搁谁身上都得生气。渐渐地，孙权疏远了潘淑，潘淑也就失宠了。

黄龙[1]元年，始都武昌。时越巂[2]之南，献背明鸟，形如鹤，止不向明，巢常对北，多肉少毛，声音百变，闻钟磬笙竽之声，则奋翅摇头。时人以为吉祥。是岁迁都建业[3]，殊方多贡珍奇。吴人语讹，呼背明为背亡鸟。国中以为大妖，不及百年，当有丧乱背叛灭亡之事，散逸奔逃，墟无烟火。果如斯言。后此鸟不知所在。

‖注释‖ 1 黄龙：中国历史上前后有三位皇帝用过这个年号，分别是汉宣帝刘询、吴帝孙权、晚唐梁王段子璋。 2 越巂（xī）：西汉元鼎元年（前111）设置的郡，在云南丽江一带。 3 建业：现江苏省南京市。黄龙元年七月，孙权迁都建业。

<解说> 《三国志·吴主传》："黄龙元年春，公卿百司皆劝权正尊号。"公元229年，孙权即皇帝位，改年号为黄龙，都城定在了武昌。

改年号是件大事，各地为表祝贺，纷纷送来礼物。

越巂郡送来的是一只背明鸟。背明鸟，仅《拾遗记》中有记载。它的形体长得像仙鹤，眼睛生来不好，不能见光，不管什么时候看它，它都背着光；身上肌肉发达，但毛有点少；擅长声音模仿，喜欢听音乐。大家之前也没见过这种鸟，就觉得是个吉祥之物。

孙权在武昌待了一段时间，就迁都到了秣陵，改其名为建业。楚地有楚地的方言，吴地有吴地的方言，背明鸟到了吴人口中，就变成了背亡鸟，成了亡国之物。更有人传言：不到百年，大吴国就要亡了。百姓听说国家要亡的传言后，天天胆战心惊，晚上睡觉前就把包袱装好，准备随时逃命。

最后传言成真了，公元280年，《晋书·武帝纪》："三月壬申，王浚以舟师至于建邺之石头，孙皓大惧，面缚舆榇，降于军门。"孙皓投降西晋，东吴政权走到了终点。至于背明鸟，后世也没有再见过。

张承之母孙氏，怀承之时，乘轻舟游于江浦之际。忽有白蛇长三尺，腾入舟中。母祝曰："若为吉祥，勿毒噬我！"萦而将还，置诸房内，一宿视之，不复见蛇，嗟而惜之。邻中相谓曰："昨见张家有一白鹤耸翮入云。"以告承母，母使筮之。筮者曰："此吉祥也。蛇、鹤延年之物；从室入云，自下升高之象也。昔吴王阖闾葬其妹[1]，殉以美女、珍宝、异剑，穷江南之富。未及十年，雕云覆于溪谷，美女游于冢上，白鹄翔于林中，白虎啸于山侧，皆昔时之精灵，今出于世，当使子孙位超臣极，擅名江表[2]。若生子，可以名曰白鹄。"及承生，位至丞相、辅吴将军，年逾九十，蛇、鹄之祥也。

‖注释‖ 1 昔吴王阖闾葬其妹：实为"吴王阖闾葬其女"。《吴越春秋·阖闾内传》记载：吴王之女叫滕玉，因为父亲吃鱼，和自己的名字"玉"同音，愤恨自杀。滕玉死后，吴王"外凿池积土，文石为椁，题凑为中，金鼎玉杯、银樽珠襦之宝，皆以送女。"不仅以珠宝作为陪葬品，还用白鹤将百姓骗到地宫中，作为活的殉葬品。　2 江表：长江以南的地区，此处专指孙吴政权所在地。

<解说>　孙吴这边有一员大将，名叫张承。《三国志·张承传》："承字仲嗣，少以才学知名，与诸葛瑾、步骘、严畯相友善。"张承从小就因才学为人熟知，结交的都是诸葛瑾那种高层次的人才。

关于张承的出生，也有一段传说。

话说张承出生之前，一次其母正在游江散心，忽然一条三尺长的白蛇从水里冒出来，直接蹿到了船上。张承母亲也是个胆大的，只是愣了一下，指着蛇说："你要是个好蛇，就别咬我。"白蛇虽然很大只，还挺乖的，自己一个静静窝在一旁。张承母亲一看，心想：带回家当个宠物也不错。于是，当天晚上她就把大白蛇带到了屋里，没想到第二天睁开眼，白蛇已经不见了。张承母亲为此还难过了好一段时间。

邻里的姐妹见到张承母亲后，赶紧把她拉住，说："前几天从你家房子里飞出一只白鹤，怎么回事？你家开始养鹤了？"张承母亲听完后，觉得肯定跟白蛇脱不了干系，就去找人算了一卦。

算卦大师一看结果，说："夫人，这是吉兆啊！您看，不管是蛇还是鹤，它们都是长寿之物，说明什么呢？说明您家的孩子以后定会长寿。再说这白鹤从您家屋子里飞上天，这是什么意思？自下而上，这是要高升，您家孩子还能当大官。"大师紧接着说："您知道阖闾吗？春秋末年吴国的君主阖闾，他安葬亲女儿的时候，殉葬的东西多到装不下，整个江南的宝物基本上被搜空了。您知道后来发生了什么事吗？十年不到，白鹄和白虎都聚集到了下葬之地，这就是所谓的灵物。您家最近遇上的白蛇和白鹤，就跟这个一样。"

要说张承和诸葛家的关系，那是不一般。张承娶的是好友诸葛瑾的女儿，身份一下从平辈变成了晚辈。

张承的性子比较直。《三国志·张承传》记载："诸葛恪年少时，众人奇其英才，承言终败诸葛氏者元逊也。"诸葛恪，诸葛瑾的儿子，少年英才。张承怎么样呢？当着众人的面，预言说最后诸葛氏肯定要毁在他手里。大家都以为是玩笑话，没想到，诸葛恪最后因政变失败，被灭三族，还被抛尸石子冈。可见，张承看人还是很准的。

再说张承跟着孙权一路直上，从小兵到奋威将军，被封都乡侯，并没有像《拾遗记》所说的位及丞相。公元244年，张承去世，活到了六十七岁，谥号为定侯。

吕蒙入吴，吴主劝其学业，蒙乃博览群籍，以《易》为宗。常在孙策[1]座上酣醉，忽卧，于梦中诵《周易》一部，俄而惊起。众人皆问之。蒙曰："向梦见伏牺、周公、文王，与我论世祚兴亡之事，日月贞明之道，莫不穷精极妙；未该玄旨，故空诵其文耳。"众座皆云："吕蒙呓语通《周易》。"

‖注释‖ 1孙策：孙坚的长子，孙权的兄长。建安五年，孙策死于刺客之手，随后弟弟孙权掌权。

<解说> 吕蒙，又一位学中典范。

不太了解三国的朋友，对吕蒙可能比较陌生，但一说"士别三日，当刮目相看"，大家立马就想起来了，不就是那个被鲁肃嫌弃的人吗？

对，吕蒙是被嫌弃过，但他能够认清自我的缺陷，加上主公都开始催了，吕蒙立马认真学习。《三国志·江表传》："蒙始就学，笃志不倦，其所览见，旧儒不胜。"吕蒙天天书不离手，恶补知识，想着有朝一日在鲁肃面前扬眉吐气。

在吕蒙学习期间，发生了一件事，被大家传得特别玄乎。

一次，吕蒙在孙策的宴会上喝大了，当场倒头就睡。众人聊得火热，正抓紧机会联络彼此感情的时候，忽然听到有人咕噜咕噜在说梦话，看了一圈，发现是角落里的吕蒙。

不多会儿，吕蒙自己醒了，发现大家都盯着自己看。吕蒙摸了摸脸，没长怪东西啊？怎么都这么看着我。旁边人说："你刚刚在梦里瞎说什么呢，我们都没听清。"这一说，吕蒙想起来自己刚刚梦到什么了，特别激动地说："各位，我刚做了一个奇梦，梦到伏羲、周公、周文王跟我一起探讨历史问题。我呢，学识浅薄，跟不上他们的节奏，情急之下只能复述他们说的话。至于其中蕴含的深奥道理，我还没有参透。不行，我回去再好好琢磨琢磨，先行一步了。"

宴会过后，吕蒙"梦中通《周易》"的事就传开了。

吕蒙不仅是个好学生，还是个杰出将领。受到孙权的重用后，吕蒙披荆斩棘，大败关羽，助孙吴开拓疆土，成了军中的传奇人物。

常年作战，身体就容易出现问题，吕蒙就倒下了。

孙和悦邓夫人，常置膝上。和于月下舞水精如意，误伤夫人颊，血流污裤，娇姹弥苦[1]。自舐其疮，命太医合药。医曰："得白獭髓[2]，杂玉与琥珀屑，当灭此痕。"即购致百金，能得白獭髓者，厚赏之。有富春渔人云："此物知人欲取，则逃入石穴。伺其祭鱼之时，獭有斗死者，穴中应有枯骨，虽无髓，其骨可合玉春为粉，喷于疮上，其痕则灭。"和乃命合此膏，琥珀太多，及差而有赤点如朱，逼而视之，更益其妍。诸嬖人[3]欲要宠，皆以丹脂点颊而后进幸。妖惑相动，遂成淫俗。

‖注释‖ 1 娇姹弥苦：姹，通"诧"，受惊的样子。这里是说邓夫人受到了惊吓，伤口越来越疼。 2 白獭（tǎ）髓：中药药材。《说文解字》："獭，如小狗，水居食鱼。" 白獭长得像狗，喜欢在水里捕鱼吃。《吕氏春秋·孟春纪》："獭祭鱼。"白獭捕完鱼，不着急吃。先在地上整整齐齐摆一排，就像祭祀一样，所以有"祭鱼"的说法。 3 嬖（bì）人：身份低微而受宠的人。

<解说> 孙权共有七个亲儿子，其中最受宠的当属孙和。

《三国志·孙和传》："少以母王有宠见爱，年十四，为置宫卫，使中书令阚泽教以书艺。好学下士，甚见称述。" 担心儿子的安全问题，孙权在孙和十四岁的时候，把宫廷侍卫派去专门保护儿子，还让阚泽当私人教师，负责给儿子传道授业解惑。

孙和本来是皇太子，却遭人陷害，被流放到了外地。公元253年，孙和印玺被夺，随后被赐死。

孙和在世时，有一位邓夫人特别受宠。孙和在月下舞剑，邓夫人就在一旁观赏。一次，孙和不小心把邓夫人的脸伤到了，书中说"血流污裤"，似乎伤得还挺严重的。孙和赶紧把太医薅起来给夫人包扎，太医看了之后说："血是止住了，但可能会留疤。如果拿白獭的骨髓，和玉混在一起制成药粉，那就不用担心留疤的问题了。"

白獭不是遍地都有的，孙和为了给夫人做这个白獭牌除疤膏，贴出告示：谁能抓到白獭，医治了夫人的脸，必有重金相谢。

当时的渔夫传言："白獭这种生物，不好抓，知道自己的骨髓能治病，老早就逃走藏起来了。非要用它的话，只能去山洞里找。白獭生性好吃，所以每次都捕好多鱼，然后一个一个整齐排列在地上，就跟祭祀一样，所以有‘白獭祭鱼’的说法。为了吃呢，它们之间经常打架，不死不休。这样一来，山洞里就有战败的白獭的尸骨，把骨头和玉磨成粉，除疤膏也就成了。”

孙和按这个法子做成了白獭牌除疤膏，不过在加工的时候，琥珀不小心放多了，这个药效就不太一样。邓夫人把药抹到脸上后，脸颊上出现了一个赤色的小点点，靠近一看，竟比之前更有风姿了。其他夫人看到后也跟着学，丹脂妆风行一时。

孙亮作琉璃屏风，甚薄而莹澈，每于月下清夜舒之。常与爱姬四人，皆振古绝色：一名朝姝，二名丽居，三名洛珍，四名洁华。使四人坐屏风内，而外望之，如无隔，惟香气不通于外。为四人合四气香，殊方异国所出，凡经践蹑宴息之处，香气沾衣，历年弥盛，百浣不歇，因名曰“百濯香”。或以人名香，故有朝姝香，丽居香，洛珍香，洁华香。亮每游，此四人皆同舆席，来侍皆以香名前后为次，不得乱之。所居室名为“思香媚寝”。

<解说> 孙亮，孙权的第七个儿子，母亲就是前面所说的潘淑潘皇后。

《三国志·孙亮传》记载：公元 252 年，“权薨，太子即尊号，大赦，改”。孙亮登基，改年号为神凤，史书中一般称他为吴少帝。这个时候的孙亮只有十岁。好景不长，孙亮十六岁的时候被废，贬为会稽王，弟弟孙休称帝。

孙亮在位时，做了一个琉璃屏风，特别薄，特别透，薄透到什么程度呢？

映着月色，四位美人坐在屏风里面的画面，从外面看的话，可以想象一下绘有美人画像的古灯，非常唯美。丝毫感觉不到屏风的存在，仿佛没有任何遮挡物，但是美人身上散发的香气又确实被屏风隔绝了。

要说这香粉，名为“百濯香”，就算洗一百次衣服，把衣服洗烂，香味都还在呢，香气是非常持久的，而且越洗越香。孙亮把百濯香赐给四人后，用她们的名字给香命名：朝姝香、丽居香、洛珍香、洁华香，还要求每次参加宴会时，四人要按照香的顺序依次入座，侍奉在孙亮左右。

蜀

先主甘后，沛人也，生于微贱。里中相者云："此女后贵，位极宫掖[1]。"及后长而体貌特异，至十八，玉质柔肌，态媚容冶。先主召入绡帐中，于户外望者，如月下聚雪。河南献玉人，高三尺，乃取玉人置后侧，昼则讲说军谋，夕则拥后而玩玉人。常称玉之所贵，德比君子，况为人形，而不可玩乎？后与玉人洁白齐润，观者殆相乱惑。嬖宠者非惟嫉于甘后，亦妒于玉人也。后常欲琢毁坏之，乃诫先主曰："昔子罕[2]不以玉为宝，《春秋》美之；今吴、魏未灭，安以妖玩经怀。凡淫惑生疑，勿复进焉！"先主乃撤玉人，嬖者皆退。当斯之时，君子议以甘后为神智妇人焉。

‖注释‖ 1宫掖：皇宫。掖，指掖庭，主要是后宫妃嫔居住的地方。 2子罕：春秋时期宋国的大臣乐喜，子罕是他的字。《左传》中记载：曾有人送给乐喜一块美玉，乐喜拒不接受，认为不贪婪的品行才是真正的美玉。

<解说> 《三国志·二主妃子传》："先主甘皇后，沛人也。先主临豫州，住小沛，纳以为妾。"甘皇后，也就是甘夫人，本来只是刘备的一个小妾。"先主数丧嫡室"，刘备天生克妻，老婆死了好几个，家里的女主人换了一个又一个。

甘夫人打小就长得好看，完全符合《诗经·硕人》所说的“手如柔荑，肤如凝脂”。刘备第一次见甘夫人的时候，觉得她就像月光下的霜雪一样，具有仙人之姿，一下就被打动了。

当时，有人给刘备进献了一尊玉美人，有三尺高，和甘夫人放在一起，根本分辨不出哪个是真人。白天，刘备好好工作，跟大家商议军务大事，到了晚上，就一直跟甘夫人待在一起，时不时玩一下玉美人，顺带夸夸甘夫人的美貌。这样一来，其他小妾就不开心了，之前单单一个甘夫人受宠就算了，现在连白玉制成的假美人都比她们得宠，气人呐！

甘夫人不仅长得好看，还是个有脑子的美人。刘备天天摆弄玉美人，政事上慢慢都不太上心了。甘夫人看到后，担心刘备玩物丧志，便找了个机会对刘备说：“春秋时期的子罕，因为不贪图别人赠送的美玉，得到了史书的颂扬。现在呢，你谋划的大业还没有成功，天天只知道玩。看来，这个玉美人也不是什么好东西，最好把它封起来吧！”刘备被说了一通后，主动承认错误，二话不说，立马派人把玉美人搬走了。第二天开始，刘备认认真真工作，丝毫不敢懈怠。

手下看到老板的变化后，纷纷表示：夫人干得漂亮！

虽说刘备特别宠甘夫人，但是有一次就把夫人丢下了。

《三国志·赵云传》：“先主为曹公所追于当阳长阪，弃妻子南走，云身抱弱子，即后主也，保护甘夫人，即后主母也，皆得免难。”一切发生得都太突然了。刘备大军先是遭到曹操的突袭，为了大局着想，刘备舍弃了亲老婆和亲儿子，自个儿带着大部队先逃了。多亏了赵云的舍命相救，甘夫人和阿斗才逃过一劫。

甘夫人死后，因诸葛亮的上书，她被追封为昭烈皇后，和刘备葬在了一起。

糜竺用陶朱[1]计术，日益亿万之利，货拟王家，有宝库千间。竺性能赈生恤死，家内马厩屋仄[2]有古冢，中有伏尸，夜闻涕泣声。竺乃寻其泣声之处，忽见一妇人袒背而来，诉云：“昔汉末妾为赤眉[3]所害，叩棺见剥，今袒在地，羞昼见人，垂二百年。今就将军乞深埋，并弊衣以掩形体。”竺许之，即命之为棺椁，以青布为衣衫，置于冢中，设祭既毕。历一年，行于路曲，忽见前妇人，所着衣皆是青布，语竺曰："君财宝可支一世，合遭火厄，今以青芦杖一枚长九尺，报君棺椁衣服之惠。"竺挟杖而归。所住邻中常见竺家有青气如龙蛇之形。或有人谓竺曰："将非怪也？"竺乃疑此异，问其家僮。云："时见青芦杖自出门间，疑其神，不敢言也。"竺为性多忌，信厌术之事，有言中忤[4]，即加刑戮，故家僮不敢言。竺货财如山，不可算计，内以方诸盆瓶，设大珠如卵，散满于庭，谓之"宝庭"，而外人不得窥。数日，忽青衣童子数十人来云："糜竺家当有火厄，万不遗一，赖君能恤敛枯骨，天道不辜君德，故来禳却此火，当使财物不尽；自今以后，亦宜防卫！"竺乃掘沟渠周绕其库。旬日，火从库内起，烧其珠玉十分之一，皆是阳燧[5]旱燥自能烧物。火盛之时，见数十青衣童子来扑火，有青气如云，覆于火上，即灭。童子又云："多聚鹳鸟之类，以禳[6]火灾；鹳能聚水于巢上也。"家人乃收䴔䴖[7]数千头养于池渠中，以厌火。竺叹曰："人生财运有限，不得盈溢，惧为身之患害。"时三国交锋，军用万倍，乃输其宝物车服，以助先主：黄金一亿斤，锦绣毡罽积如丘垄，骏马万匹。及蜀破后，无复所有，饮恨而终。

‖注释‖ 1 陶朱：陶朱公范蠡，春秋末期楚国人，协助勾践完成了灭吴大业，后经商成功。 2 仄：侧面。 3 赤眉：指赤眉军，新朝末年的农民起义军，因以赤色涂眉而得名。 4 中忤：忤逆、违背。 5 阳燧：取火的工具。《本草纲目》："阳燧，火镜也。以铜铸成，其面凹，摩热向日，以艾承之，则得火。" 6 禳（ráng）：禳除、祛除灾祸。 7 䴔䴖（jiāojīng）：生活在中国南方的一种水鸟，头戴红冠，颈有白毛，擅长捕鱼。

<解说> 刘备的小妾里，有一个糜夫人，后台很硬，祖传有钱。《三国志·糜竺传》："祖世货殖，僮客万人，赀产钜亿。"糜夫人家里资产上亿，光童仆，就有上万人。兄长糜竺，先是在陶谦手下干事。陶谦不幸去世了，糜竺

遵从前上司的遗愿，辅佐刘备完成大业。

糜竺很有经商头脑，学习的榜样又是范蠡，赚的钱多到花不完，家里光金库就建了一千间。糜竺家曾遭遇过一次大火，奇怪的是糜竺似乎早有准备，并没有什么损失。关于糜家的那场大火，《拾遗记》和《搜神记》记载了两个不同的版本。

先来看《拾遗记》版本。一天晚上，糜竺在院子里瞎溜达，忽然听到有女人的哭声。糜竺跟着声音找啊找，看到一位妇人，衣服破破烂烂的，背都露在外面。

妇人哭着说：“我是新朝的人，不幸被赤眉军所杀，他们还开棺把我的衣服抢走了。我没有干净像样的衣服穿，不能乱走，在这里一待就是两百年。我现在唯一的愿望就是能有件像样的衣服穿，入土为安。”

糜竺听完后，第二天就让下人准备了一口棺材，里面还放了一套青衣，举办正常的丧葬仪式，让棺材入土。

一年后，糜竺在路上看到了一位妇人，重点是她穿的衣服是去年糜竺选的下葬的衣服。糜竺自己也吓了一跳，连忙上前搭话。妇人看到糜竺后，说：“你家可能会遭遇火灾，为以防万一，我把这个青芦杖送给你，希望能有用，算是感谢你去年帮我了。”

自从糜竺把青芦杖带回去后，家里下人经常看到有青气窜动，像龙蛇之形。糜竺也听到了下人的传言，拉来一个问：“最近家里的传言是怎么回事？”下人老实回答：“有人看见您带回来的那个青芦杖会自个儿乱跑，特别诡异，最近家里的青气，估计也是青芦杖散发出来的妖气。”糜竺最恨乱说胡话的人，当场把这个下人杀了，这下家里安静了。

过了几天，有一队青衣童子来敲门，对糜竺说：“你家要遭遇大火了，多亏你做过好事，我们来提醒一下，好让你提前准备准备。”灭火，那需要水啊，糜竺就围着金库挖了一个水渠。半月不到，果然天降大火，别家都没事，只有糜家着了。火势越来越大，事先修的水渠根本不起作用。关键时刻，青衣童子队出现了，青气一喷，火全灭了。糜竺仔细一想，这才反应过来家里的青气是怎么回事。

临走的时候，童子队还赠送了防火小妙招。“你可以在家里养点鹳鸟（鸡鹊），它们喜欢在水边居住，可以防范火灾。”事关家产，糜竺特别听话，在水渠里养了上千只鹳鸟，防患于未然。

《搜神记》版本是这样说的：

一天，糜竺刚从洛阳回来，路上遇到了一个妇人，走累了，想蹭个车。糜竺是个热心肠，而且自家的马车宽敞，多一个人也占不了多大的地方，就让妇人上车了。

到了分别的时候，妇人说："其实我不是凡人，我是天上来的，今天有命在身。天帝嫌东海的糜竺家钱太多了，打算让我放把火，把糜竺家烧了。告诉你这个消息算是感谢你让我蹭车。"糜竺一听慌了，那可都是自己辛辛苦苦挣的钱，不能说烧就烧吧？他连忙拉住妇人说："您能不能不烧啊？我赚钱也不是那么容易的。"妇人想了会儿，出了个主意，可以把损失降到最低。"不烧是不可能了，我回去不好交差。这样吧，你先回去收拾收拾，把值钱的都搬走，我等到大中午再去放火。"

糜竺听完，快马加鞭往回赶，把家里的值钱玩意全搬出房间。等到了大中午，房子果然着火了。

不管是哪个版本，糜家的大火之劫是过去了。

建安元年，糜竺把妹妹糜夫人献给了刘备，嫁妆都是什么呢？《三国志·糜竺传》："奴客二千，金银货币以助军资。"《拾遗记》说的更多："黄金一亿斤，锦绣毡　积如丘垄，骏马万匹。"刘备战队当时受到了重创，全靠糜夫人的嫁妆渡过了难关。糜竺因此一直受到刘备的优待。

自己没事，不代表家人没事，糜竺就有一个倒霉弟弟。《三国志·糜竺传》："芳为南郡太守，与关羽共事，而私好携贰，叛迎孙权，羽因覆败。"糜芳暗地里投靠孙权，害死了关羽。糜竺亲自去刘备面前请罪，虽说刘备不追究，但糜竺因此郁郁寡欢，一年后就去世了，并不是《拾遗记》所说的家财散尽，饮恨而终。

周群妙闲算术谶说，游岷山采药，见一白猿，从绝峰而下，对群而立。群抽所佩书刀投猿，猿化为一老翁，握中有玉版长八寸，以授群。群问曰："公是何年生？"答曰："已衰迈也，忘其年月，犹忆轩辕之时，始学历数，风后、容成[1]，皆黄帝之史，就余授历数。至颛顼时，考定日月星辰之运，尤多差异。及春秋时，有子韦[2]、子野、裨灶[3]之徒，权略虽验，未得其门。迩来[4]世代兴亡，不复可记，因以相袭。至大汉时，有洛下闳[5]，颇得其旨。”群服其言，更精勤算术，乃考校年历之运，验于图纬，知蜀应灭，及明年，归命奔吴。皆云：“周群详阴阳之精妙也。”蜀人谓之“后圣”。白猿之异，有似越人所记，而事皆迂诞，似是而非。

‖注释‖ 1 风后、容成：传说中黄帝的两位大臣，精通阴阳历法。 2 子韦：春秋时期宋国的司星官，负责观测星象。 3 裨（bì）灶：春秋时期郑国的大夫，懂得星象占卜之术。 4 迩来：自那以后、自那以来。 5 洛下闳：西汉天文学家，制作出最早的浑天仪。

<解说> 周群，刘备阵营里的预言大仙。《三国志·周群传》：“群少受学于舒，专心候业。”周群从小就跟着爸爸学习占候术，通过观察天文气象的变化，预言一些将要发生的事。

相传，周群在采药的时候，碰上了一只猿猴。周群手无缚鸡之力，拿起随身东西就乱甩过去，白猴突然化身为白头老翁，手里拿着一个八尺长的玉版，非要送给周群。周群问老翁的年纪，老翁说：“年纪大了，我自己也不记得了。只知道轩辕帝的时候，我开始学习历数；黄帝之世，容成子、风后拜入我门下，跟我学习历数；颛顼帝在位时，我负责考定日月星辰的运行；春秋时期，子韦、子野、裨灶跟着我学习，可惜没有出师；到了汉朝，洛下闳算是得到了我的真传。”周群听了之后，一边为老翁的学识折服，一边立志要成为蜀汉占候术第一人。

周群的学习能力很强，加上有父亲的辅导，很快就成了占候术大家。周群的占候术有多神，举两个《续汉书》里的例子就知道了：

建安七年，越嶲郡里发生了怪事，有的男人变成了女人。周群听说后，预言这是“易代之祥”，要改朝换代了。果然，建安二十五年，汉献帝被迫禅位于曹丕，东汉结束。

建安十二年，“星孛于鹑尾，荆州分野”，彗星出现在了鹑尾，而鹑尾是荆州的分野。周群预言说荆州的刘表活不久了，果然，第二年刘表就去世了。

因为周群这超神的预言能力，蜀人都称其为“后圣”。

卷玖

晋时事

武帝为抚军时，府内后堂砌下忽生草三株，茎黄叶绿，若总金抽翠，花条苒弱，状似金蓌。时人未知是何祥草，故隐蔽不听外人窥视。有一羌人，姓姚名馥，字世芬，充厩养马，妙解阴阳之术，云："此草以应金德之瑞。"馥年九十八，姚襄则其祖也。馥好读书，嗜酒，每醉时好言帝王兴亡之事。善戏笑，滑稽无穷，常叹云："九河[1]之水不足以渍麴糵[2]，八薮[3]之木不足以作薪蒸，七泽[4]之麋不足以充庖俎。凡人禀天地之精灵，不知饮酒者，动肉含气耳，何必木偶于心识乎？"好啜浊糟，常言渴于醇酒。群辈常弄狎之，呼为"渴羌"。及晋武践位，忽见馥立于阶下，帝奇其倜傥，擢为朝歌邑宰。馥辞曰："老羌异域之人，远隔山川，得游中华，已为殊幸，请辞朝歌之县，长充养马之役，时赐美酒，以乐余年。"帝曰："朝歌纣之故都，地有美酒，故使老羌不复呼渴。"馥于阶下高声而对曰："马圉老羌，渐染皇化，溥天夷貊，皆为王臣，今若欢酒池之乐，更为殷纣之民乎？"帝抚玉几大悦，即迁酒泉太守。地有清泉，其味若酒。馥乘醉而拜受之，遂为善政，民为立生祠。后以府地赐张华，犹有草在，故茂先《金蓌赋》

云："擢九茎于汉庭，美三株于兹馆，贵表祥乎金德，比名类乎相乱。"至惠帝元熙[5]元年，三株草化为三树，枝叶似杨树，高五尺，以应"三杨"擅权[6]之事。时有杨骏、杨瑶、杨济三弟兄，号曰"三杨"。马圉醉羌所说之验。

‖注释‖ 1 九河：大禹时期黄河的九条支流。《尔雅·释水》："徒骇、太史、马颊、覆融、胡苏、简、洁、钩盘、鬲津，九河。" 2 麴蘖（qū niè）：用来酿酒的东西。中国最原始的糖化发酵剂有三种：麴，蘖，或麴蘖共存的混合物。发霉的谷物称为麴，发芽的谷物称为蘖。晋代，南方就已出现团状的米曲。 3 八薮（sǒu）：八大湖泽。鲁国的大野，晋国的大陆，秦国的杨污，宋国的孟诸，楚国的云梦，吴越之间的具区，齐国的海隅，郑国的圃田。 4 七泽：楚地的七处沼泽地，云梦泽为其一。司马相如《子虚赋》："臣闻楚有七泽，尝见其一，未睹其余也。臣之所见，盖特其小小者耳，名曰云梦。" 5 元熙：应为永熙，晋惠帝在位期间，没有用过元熙的年号。永熙元年为公元290年。 6"三杨"擅权：晋惠帝时期，杨骏三兄弟权倾朝野。

<解说> 晋武帝司马炎，司马懿之孙，司马昭之子，家里没一个是省油的灯。

公元265年，《晋书·武帝纪》记载："八月辛卯，文帝崩，太子嗣相国、晋王位。"司马昭中风猝死，司马炎继承了晋王的爵位。

司马炎没有当皇帝之前，自己家宅子里长了三根不一样的草，茎是黄色的。下人不懂，不知道这件事是好是坏，就没人敢乱传。司马家有个养马的老头，叫姚馥，三株草事件就是被他轻易解决的。

姚馥，羌族人，爱好是读书饮酒，为人幽默风趣，特别喜欢搞怪。他常说："九河的水没有资格来让酒曲发芽以酿酒，八薮的树木没有资格当柴火来烧以蒸酒，七泽里的麇鹿没有资格被送进厨房做成佳肴。人生在世，你如果不会喝酒，就白活了，跟行尸走肉一样。"

姚馥喜欢喝酒，想着有一天能喝到顶级美酒，但没有钱呐，只能退而求其次，喝一些粗加工的残次品。朋友们给他起了个外号，叫"渴羌"，只想着喝酒的羌族人。唐朝的李端因姚馥的这个癖好，还专门作了一句诗："姚馥清时醉，边韶白日眠。"

除了喝酒，姚馥喜欢的就是读书，精通阴阳之术。所以，当他看到司马家院子里的三株草后，立马看出了端倪，对司马炎说："这个草，是金德的祥瑞之兆，您家要发达了。"金德，说的就是西晋，三株草预示着司马炎即位称帝。

果然，公元265年，司马炎就当上了皇帝，还是西晋的开国皇帝。登基大典上，司马炎一眼看到了姚馥，想起当初的预言，对姚馥是满怀感激，封姚馥为朝歌邑的县令。姚馥走上前，对新帝说："我这个羌族的老头子，能够来到中原地区已经是万幸。至于在朝为官，我一生志不在此。您也知道我是个酒坛子，如果真要封赏我点儿什么，那就送酒吧。"司马炎回道："姚馥啊，朝歌可是商朝的旧都，其他的就不说了，美酒绝对管够，要不你去那里当个官？"姚馥推辞说："皇上，朝歌的酒是好，但地儿不吉利，您给我换个地方吧。"司马炎听了之后，就被逗乐了，"好好好，那就去酒泉当个太守吧，那儿也不错。"姚馥这下满意了，接下任职令就前往酒泉。姚馥在任期间，勤政爱民，得到了百姓的支持与爱戴，还有了自己的祠堂。

后来，写《博物志》的张华住进了晋武帝以前的宅院，那三株草竟然还活着。张华看到后，一下来了灵感，作了一首《金蓥赋》。等到晋惠帝的时候，三株草唰一下长成了三棵参天大树，说它们是杨树吧，又不太像；不是杨树吧，又长着和杨树相似的叶子。这件怪事在坊间传来传去，慢慢地跟"三杨擅权"之事连上了。

"三杨"，说的是杨骏、杨瑶、杨济三兄弟。

杨骏，是晋武帝的老丈人，外戚人士。因为这层关系，杨大哥带着两兄弟在朝里作威作福。《晋书·杨骏传》中说："骏及瑶、济势倾天下。"公元301年，晋惠帝下令诛杀杨骏，"骏逃于马厩，以戟杀之。观等受贾后密旨，诛骏亲党，皆夷三族，死者数千人"。杨骏死在了马棚里，连着杨氏的党羽都被株连三族，"三杨"就此下线。

咸宁[1]四年，立芳蔬园于金墉城[2]东，多种异菜。有菜名曰"芸薇"，类有三种，紫色者最繁，味辛，其根烂熳，春夏叶密，秋蕊冬馥，其实若珠，五色，随时而盛，一名"芸芝"。其色紫者为上蔬，其味辛；色黄者为中蔬，其味甘；色青者为下蔬，其味咸。常以三蔬充御膳。其叶可以藉饮食，以供宗庙祭祀，亦止人渴饥。宫人采带其茎叶，香气历日不歇。

张华为九酝酒，以三薇渍[3]麴糵，糵出西羌，麴出北胡。胡中有指星麦，四月火星出，麦熟而获之。糵用水渍麦三夕而萌芽，平旦鸡鸣而用之，俗人呼为“鸡鸣麦”。以之酿酒，醇美，久含令人齿动；若大醉，不叫笑摇荡，令人肝肠消烂，俗人谓为“消肠酒”。或云醇酒可为长宵之乐，两说声同而事异也。闾里歌曰：“宁得醇酒消肠，不与日月齐光。”言耽此美酒，以悦一时，何用保守灵而取长久。至怀帝末，民间园圃皆生蒿棘，狐兔游聚。至元熙元年，太史令高堂忠奏荧惑犯紫微，若不早避，当无洛阳。及诏内外四方及京邑诸宫观林卫之内，及民间园囿，皆植紫薇，以为厌胜[4]。至刘、石、姚、苻[5]之末，此蒿棘不除自绝也。

‖注释‖ 1咸宁：晋武帝年号，咸宁四年为公元278年。 2金墉城：魏明帝时期所建，位于洛阳城的西北角。 3渍：浸泡。 4厌（yā）胜：古时驱邪避凶的习俗。 5刘、石、姚、苻：匈奴族的刘渊、羯族的石勒、羌族的姚弋仲、氐族的苻洪。晋武帝驾崩后，诸王相争，国内大乱，各少数民族占据中原，纷纷自立为王，刘、石、姚、苻四人就是其中的代表。

<解说> 司马炎当上皇上后，先在洛阳城西北边的金墉城里，建了一个菜园子。

这个菜园子当然不是一般平民的菜园子可比的，人家里面种的都是稀有蔬菜。其中有一种菜叫“芸薇”，通身是紫色的，结出来的果实有五种颜色。芸薇有优劣之分，上等的是纯正的紫色，吃起来最辣；中等的有点发黄，吃起来是甜的；下等的有点发青，吃起来是咸的。

为什么单独把它列出来呢？

因为它的实用价值特别高。其一，吃了它可以很长一段时间不用吃饭，就像代餐粉一样；其二，它可以当香水用；其三，五色果实可以当装饰品，挂在身上。

“芸薇”这么珍贵的品种，当然要好好利用。

比如，它有奇香，除了用作香囊、香水，还可以当作酿酒的重要原料。想想就知道，酿出来的酒的口感肯定特别好。

那么，谁来干这个工作呢？张华。

一天，张华大早上刚睡醒，就接到圣旨，让他用“芸薇”来酿酒。给公家干事可不能马虎，要出就出精品。“芸薇”不是珍贵吗？那其他原料就要配得上“芸薇”。发酵的谷物，用的是北胡特产的指星麦，这种麦子在每年的四月成熟。成熟之后收割下来，用水泡三天，等它发芽，第四天一大早就可以用它来酿酒了。

酒酿成之后，张华给起了个官方名字，叫“九酝酒”，专门用于宫廷的大型宴会。客人们试喝过后，纷纷赞不绝口，反馈很好。第一感觉入口醇香，不像残次酒那样一入口就扎喉咙，让人咽不下去；第二感觉就是身心舒畅，喝了之后肝肠清凉，体内的垃圾似乎都被清理了，因此“九酝酒”又有“消肠酒”之称。民间还编了歌谣：“宁得醇酒消肠，不与日月齐光。”和“九酝酒”的醇香比起来，生死都不重要了。

晋怀帝司马炽，在晋武帝的儿子里排行二十五，是西晋的第三位皇帝。《晋书·怀帝纪》：“永嘉元年春正月癸丑朔，大赦，改元，除三族刑。”永嘉，是晋怀帝的年号，王嘉所说的“元熙”是有误的。

永嘉末年，民间发生了一连串的怪事，家家户户的菜园子里长满了蒿草和荆棘，不仅蔬菜没地儿长，狐狸和兔子还经常在里面乱窜。

关乎民生问题，中央立马就得到了消息，但一直没有找到办法解决。关键时刻，救星来了。《晋书·天文志》：“永嘉三年正月庚子，荧惑犯紫薇……太史令高堂冲奏乘舆宜牵幸。”高堂冲上报中央：“皇上，最近紫微星被犯，于我国是大大不利，最近民间发生的怪事就是因为这个异象。依臣之见，这件事能解决就尽快解决，不然我们国家的未来堪忧啊！”司马炽听了更着急，问高堂冲：“你有什么好办法吗？”高堂冲说：“我们可以通过种紫薇来避免祸患，天上的紫微星被犯，那我们就在地上给它补上。”司马炽想了想，不错不错，确实讲得通。

第二天，皇令下达：全国种植紫薇，不能落下任何一个角落，事关重大，不可有差池。工人们为了保住饭碗，连夜加班，最后高效率完成任务。再看民间的菜园子，种上紫薇后，原来的杂草也不再长了，这次灾异也算顺利解决了。

晋太康[1]元年，白云起于灞水，三日而灭。有司奏云："天下应太平。"帝问其故，曰："昔舜时黄云兴于郊野，夏代白云蔽于都邑，殷代玄云覆于林薮，斯皆应世之休征，殊乡绝域应有贡其方物也。"果有羽山[2]之民献火浣布万匹。其国人称："羽山之上，有文石，生火，烟色以随四时而见，名为'净火'。有不洁之衣，投于火石之上，虽滞污渍涅，皆如新浣。"当虞舜时，其国献黄布；汉末献赤布，梁冀制为衣，谓之"丹衣"。史家云："单衣今缝掖[3]也。"字异声同，未知孰是。

因墀国献五足兽，状如师子；玉钱千缗[4]，其形如环，环重十两，上有"天寿永吉"之字。问其使者五足兽是何变化，对曰："东方有解形之民，使头飞于南海，左手飞于东山，右手飞于西泽，自脐以下，两足孤立。至暮，头还肩上，两手遇疾风飘于海外，落玄洲之上，化为五足兽，则一指为一足也。其人既失两手，使傍人割里肉以为两臂，宛然如旧也。"因墀国在西域之北，送使者以铁为车轮，十年方至晋。及还，轮皆绝锐，莫知其远近也。

‖注释‖ 1 太康：晋武帝司马炎使用的第三个年号。太康元年，公元280年，晋武帝消灭孙吴政权。 2 羽山：位于今江苏省赣榆区西南边。 3 缝掖：也叫逢掖，大袖的单衣。《礼记·儒行》："丘少居鲁，衣逢掖之衣。"郑玄注："逢犹大也。大掖之衣，大袂单衣也"。 4 缗（mín）：穿铜钱用的绳子，可作量词用。

<解说> 晋武帝太康元年，陕西的灞水之上，飘浮了一大片白云，持续了三天都没有散。

司马炎听到奏报后，召开紧急会议，问大家对这件事怎么个看法。其中一个大臣说："肯定是因为天下太平，才有祥云降临。舜帝的时候有黄云出现在郊外，夏朝有白云浮在皇城上，商朝有黑云覆盖在山林里，这些天象和天下的安定都是分不开的。如今，天降祥瑞，不久就会有人来恭贺皇上您了。"果

然；几天后有人来进献东西了。

一个是羽山百姓进献的火浣布，数量一万匹。

关于火浣布，中国历史上早有记载。《列子·汤问》记载：“火浣之布，浣之必投于火。”这种布匹清洗时要丢进火里。当时大家不懂，就纳闷了，布遇火就会着啊，怎么还用火来洗衣服，是不是在蒙人啊？不。实际上，火浣布是用石棉纤维织成的布，具有不燃性。而羽山百姓对此有自己的一套解释，说得头头是道。

羽山上有块神石，能够自己生火，冒出来的烟一年四季都不一样，红的、绿的、蓝的……偶然的机会，有人不小心把衣服掉进去了，本以为衣服没救了，谁曾想噼里啪啦一阵后，衣服自己从火里飞出来了。衣服的主人一看，嗯？这是我的衣服吗？怎么这么干净，这火就是洗衣机啊！

这件事一传十，十传百，羽山地面上的百姓全都知道了，纷纷把自家的脏衣服往火里扔，衣服里的脏东西都被烧掉了。这火就有了名字——净火。

羽山的百姓送火浣布，要追溯到舜帝时期，当时送的是黄色的火浣布；到了汉代末年，送的是红色的火浣布。《三国志·三少帝纪》：“汉桓帝时，大将军梁冀以火浣布为单衣。”梁冀的衣服就是用火浣布做的，据说当时梁冀还现场展示了一下火浣布的奇特之处，让大家大开眼界。

另一个献礼的是因墀国。因墀国在西域的北边，使者走了十年才走到，乘的车都锈了，但进贡的东西一点没有受影响。因墀国跟羽山不一样，布再神奇终究只是块布，因墀国进献的宝贝，除了印有“天寿永吉”四个大字的金环外，还有一只五足兽，活的，长得跟狮子一样。

五条腿的狮子是怎么来的呢？因墀国详细为您介绍：

在遥远的东方，生活着这样一群人。他们的肢体可以自由分解，头可以飞到南海，左手可以飞到东山之上，右手可以飞到西泽之滨。正常情况下，傍晚的时候肢体都会自己飞回来。

但是有那么一天，有那么一个人，就只有自己的头回家了。两只手在回来的路上碰上了疾风天气，被刮到了玄洲。

《十洲记》中记载玄洲在北海之外，“多丘山，又有风山，声响如雷电”。这两只手到了玄洲仙境后，每一根指头化作一条腿，就变成了五足兽。倒霉的人没了双手，就让人把自己身上其他地方的肉割下来，接到胳膊上。手术之后，两个手和正常人的一样，吃饭睡觉没有任何问题。

太始[1]元年，魏帝为陈留王之岁，有频斯国人来朝，以五色玉为衣，如今之铠。其使不食中国滋味，自赍金壶，壶中有浆，凝如脂，尝一滴则寿千岁。其国有大枫木成林，高六七十里，善算者以里计之，雷电常出树之半。其枝交荫于上，蔽不见日月之光。其下平净扫洒，雨雾不能入焉。树东有大石室，可容万人坐。壁上刻为三皇之像：天皇十三头，地皇十一头，人皇九头，皆龙身。亦有膏烛之处。缉石[2]为床，床上有膝痕深三寸。床前有竹简长尺二寸，书大篆之文，皆言开辟以来事，人莫能识。或言是伏羲画卦之时有此书，或言是仓颉造书之处。傍有丹石井，非人之所凿，下及漏泉，水常沸涌，诸仙欲饮之时，以长绠[3]引汲也。其国人皆多力，不食五谷，日中无影，饮桂浆云雾。羽毛为衣，发大如缕，坚韧如筋，伸之几至一丈，置之自缩如蠡。续人发以为绳，汲丹井之水，久久方得升合[4]之水。水中有白蛙，两翅，常来去井上，仙者食之。至周，王子晋[5]临井而窥，有青雀衔玉杓以授子晋，子晋取而食之，乃有云起雪飞。子晋以衣袖挥云，则云雪自止。白蛙化为双白鸠入云，望之遂灭。皆频斯国之所记，盖其人年不可测也。使图其国山川地势瑰异之属，以示张华。华云："此神异之国，难可验信。"以车马珍服送之出关。

‖注释‖ 1 太始：当为泰始，泰始元年司马炎登基。 2 缉石：把石头一块一块接起来，拼成石床。 3 绠（gěng）：打水用的绳子。 4 升合：合，量词，十合为一升。《汉书·律历志》："十合为升。" 5 王子晋：周灵王的太子，字子乔，中国王姓的始祖。《列仙传》记载："王子乔好吹笙作凤凰鸣，游伊洛间，道士浮丘公接以上嵩高山上。"修炼二十年后，得道成仙。

<解说> 泰始元年，司马炎登基。

新帝登基，献礼是必不可少的。频斯国就第一个来报到了，他们的使者很

有个性，无论是穿着还是言谈举止。使者穿的是什么呢？可以这样想象，把一个将军身上的铠甲全换成玉，还是五颜六色的玉。使者吃的是什么呢？使者不吃东西，渴了自己从怀里掏出一个小金壶喝一口。不要小瞧它，这壶里的一滴水就能让人活到千岁。司马炎说："既然你们远道而来，那先介绍一下你们国家吧，增进一下彼此的了解。"

使者开始介绍了："我们国史上的怪事特别多。首先，我们有一大片枫林，有六七十里高，要是下雨打雷，闪电都是在树腰处出现的。枫树的叶子又特别茂密，把日月都挡住了，所以我们那儿经常看不见光。枫林的东边有一间大石室，我们现在作为举办会议的重要场所，能容纳上万人。石室里面刻有三皇的画像，都是多头龙身。我们最初还在石室里发现了上古的竹简，记载着天地开辟的历史。据我们国家的学者推断，这竹简要么是伏羲创八卦时留下的，要么是仓颉造字时留下的。"

使者喝口水，继续说："虽然我们有文物，但国家最大的问题是水资源短缺。我国以前有个丹石井，里面的井水不多，一直咕嘟嘟冒泡，群仙经常来这里打水喝。我们祖先呢？得亏有一头长发，能编织成绳子用来打水，好久好久才能打上一升的水，根本不够分。在这井里，生活着通身纯白的蛙，长着翅膀，群仙来打水的时候，经常顺手抓走就吃了。仙人王子乔一次路过丹石井，得到了青雀送的一只汤勺，回去以后就用这只勺子吃饭。王子乔刚吃下一口，窗外大雪纷飞，仙人随手一挥，雪就停了。这些怪事，都是我们史书上记载的。"

司马炎听完后，觉得很新奇，就问一旁的张华："这些事你听过没？也太神奇了吧！"张华老实回答："确实是，闻所未闻，让我回去赶紧记下来。"

说完，张华便回家进行自己的文学创作了。

张华字茂先，挺生聪慧之德，好观秘异图纬之部，捃采天下遗逸，自书契之始，考验神怪，及世间闾里所说，造《博物志》四百卷，奏于武帝。帝诏诘问："卿才综万代，博识无伦，远冠羲皇，近次夫子，然记事采言，亦多浮妄，宜更删翦，无以冗长成文！昔仲尼删《诗》《书》，不及鬼神幽昧之事，以言怪力乱神；今卿《博物志》，惊所未闻，异所未见，将恐惑乱于后生，繁芜[1]于耳目，可更芟截浮疑，分为十卷！”即于御前赐青铁砚，此铁是于阗国所出，献而铸为砚也；赐麟角笔，以麟角为笔管，此辽西国所献；侧理纸万番，此南越所献。后人言“陟里”，与“侧理”相乱，南人以海苔为纸，其理纵横邪侧，因以为名。帝常以《博物志》十卷置于函中，暇日览焉。

‖注释‖ 1繁芜：繁多庞杂。

＜解说＞ 接下来重点介绍一下前面多次提到的张华，以及他的成名作《博物志》的成书过程。

张华其人，《晋书》中是这样记载的：“张华，字茂先，范阳方城人也。父平，魏渔阳郡守。华少孤贫，自牧羊。”

方城，现在河北的固安。有钱人家是养有专门的牧羊人的，张华呢，家境没有那么富庶，所以放羊要自己上手。“华学业优博，辞藻温丽，朗赡多通，图纬方伎之书莫不详览。”尽管要放羊，但张华的学业一点没有耽误，经史子集都读遍了，尤其喜欢像《山海经》《淮南子》《十洲记》这样的神异类书籍。

文人有一个习惯，但凡不得志，就要写东西抒发一下。从屈原的《离骚》，到贾谊的《鹏鸟赋》，再到王粲的《登楼赋》，都有泄愤的情感在里面。张华也想步入仕途，受人重用，但一直没有机会。于是乎，《鹪鹩赋》就问世了。没想到这篇赋一下被阮籍相中了，经由名士的推广，张华渐渐有了名气。

再提一下泰始元年，司马炎登基。同年，张华被封关内侯。

张华读的杂书比较多，晋武帝又比较喜欢看神仙志怪，就经常找张华聊天，张华什么都知道，是移动的百科全书。一天，晋武帝刚听完一个小故事，心里有了打算，对张华说：“你懂这么多，讲的故事又这么有趣，不如出个书吧，钱的问题不用担心，我出资。”皇上都当面说了，再拒绝就是打皇上的脸，张华就答应了，回家开始编书。

既然是编书，肯定和平时讲故事不一样。张华就各处搜集材料，像正史里没有记载过的事，在民间百姓口中流传的故事，写上；各种奇花异草，写上；传说中的神兽是什么样的，写上；书中的每个地名都在哪儿，写上。写呀写，最后整整写出了四百卷，张华自己起了个书名，叫《博物志》。

一大早，张华把书运到宫里让司马炎过目，把司马炎吓了一跳，怎么这

么多?

司马炎边翻边说:“我知道你博学多识,但也不用写这么多吧。孔夫子当年整理《诗经》,就留下三百篇。你看,这里就可以删掉,这个也可以删掉,或者精简一下,最后整成十卷就行。有一点要注意,一定要把握住度,写得太过可能会误导众生。不过,还是要表扬一下,里面的好多故事你之前都没有给我讲过,看着挺有意思的,回去好好修改吧,顺便送你点东西,继续努力!”

司马炎都送了点什么呢?

于阗国的青铁砚,辽西国的麟角笔,南越的侧理纸。侧理纸,本名陟里,南越人用海苔做纸,干了之后纸上的纵横纹路就显现出来了,因此又有侧理纸之称。王嘉认为陟里是侧理的语讹,其实陟里是海苔的名字。明代的字书《正字通》里解释:“海藻本名陟里,南越以海苔为纸,其理倒侧,故名侧理纸。”

张华抱着皇上送的一堆东西,回到家里,深叹一口气。把四百卷删到十卷,工作量不是一般大啊,最近就别睡了,抓紧工作吧。一部书下来,张华光速衰老,一编完就去交差,回家倒头就睡。

司马炎这边见到《博物志》成品后,甚是满意,每天看得津津有味,还把书放到床头,当睡前故事看。

惠帝元熙[1]二年,改为永平元年,常山郡献伤魂鸟,状如鸡,毛色似凤。帝恶其名,弃而不纳;复爱其毛羽。当时博物者云:“黄帝杀蚩尤,有貙[2]、虎误噬一妇人,七日气不绝,黄帝哀之,葬以重棺石椁。有鸟翔其冢上,其声自呼为伤魂,则此妇人之灵也。”后人不得其令终者,此鸟来集其国园林之中。至汉哀、平之末,王莽多杀伐贤良,其鸟亟[3]来哀鸣。时人疾此鸟名,使常山郡国弹射驱之。至晋初,干戈始戢,四海攸归,山野间时见此鸟。憎其名,改“伤魂”为“相弘”。及封孙皓[4]为归命侯,相弘之义,叶于此矣。永平之末,死伤多故,门嗟巷哭,常山有献,遂放逐之。

‖注释‖ 1 元熙:当为永熙。公元290年,晋惠帝司马衷继位,改年号为永熙。 2 貙（chū）：云豹，体型和狗差不多，身上的花纹与狸猫相似。《尔雅·释兽》注："今貙虎也。大如狗，文如貍。" 3 亟：多次。 4 孙皓：孙权之孙，孙吴政权的最后一位皇帝。公元 280 年，孙吴被西晋所灭后，孙皓被封归命侯。

＜解说＞ 晋惠帝司马衷，九岁当上皇太子，熬到三十多岁才当上皇帝。

公元 291 年，晋惠帝改年号，"永熙二年为永平元年"。河北的常山郡按例来送礼，送什么不好，偏送一只伤魂鸟。惠帝一听名字，真晦气，想要退回去，但一看这鸟的毛儿还挺漂亮的，也就把伤魂鸟留下了。

一旁的大臣对惠帝说："皇上，您别嫌弃名字不吉利，其实这个伤魂鸟可惨了。以前啊，黄帝在阪泉杀蚩尤的时候，率领了好多神兽。有一只貙和一只虎不小心咬了一个妇人，这妇人过了七天才断气。黄帝心怀愧疚，毕竟是自己的宠物惹的祸，就隆重把妇人安葬了。后来，妇人的魂魄化作鸟飞到了自己的坟头，整天在那里哀号。这就是伤魂鸟的来历。一般死不瞑目的人的坟头都会聚集伤魂鸟。伤魂鸟出现最多的，是汉哀帝和汉平帝时期，当时王莽篡政，杀了多少人呐，伤魂鸟都成灾了。而这个常山郡，就是负责灭灾的。"

惠帝听完后，说："那改个名字也行啊，伤魂鸟也太丧了，就叫相弘鸟吧。"伤魂鸟的名字就这么改了。

后来八王之乱发生，死伤多数，街头巷尾都是哭声，常山郡再派人来献伤魂鸟的时候，晋惠帝觉得不祥，就把使者流放了。

太始[1]十年，有浮支国献望舒草，其色红，叶如荷，近望则如卷荷，远望则如舒荷，团团似盖。亦云，月出则荷舒，月没则叶卷。植于宫中，因穿池广百步，名曰望舒荷池。愍帝[2]之末，移入胡，胡人将种还胡中，至今绝矣，池亦填塞。

祖梁国献蔓金苔，色如黄金，若萤火之聚，大如鸡卵，投于水中，蔓延于波澜之上，光出照日，皆如火生水上也。乃于宫中穿池，广百步，时观此苔，以乐宫人。宫人有幸者，以金苔赐之，置漆盘中，照耀满室，名曰"夜明苔"；着衣襟则如火光。帝虑外人得之，有惑百姓，诏使除苔塞池。及皇家丧乱，犹有此物，皆入胡中。

‖注释‖ 1 太始：当为泰始。 2 愍帝：晋愍帝司马邺，司马炎之孙，西晋的最后一位皇帝。

<解说> 晋武帝泰始十年，浮支国进献了望舒草，其实就是前面汉灵帝时出现过的望舒荷。

公元318年，《晋书·愍帝纪》记载："帝遇弑，崩于平阳，时年十八。"年仅十八岁的晋愍帝司马邺，被赵汉皇帝刘聪杀害，西晋王朝结束。望舒荷被移植到了北胡，后世再也没有见过。

同年进献礼物的国家还有祖梁国。祖梁国带来的是金苔，把它放到水上，太阳一照，水面就会出现"生火"的奇观。为了更好地观赏景色，司马炎在宫里单独挖了一个池子，在水里养着金苔。司马炎还把金苔作为赏赐，送给自己喜欢的美人。美人们得到金苔后，有的放到房间里做装饰，整个屋子都金光闪闪的；有的别在衣服上，日光一照，亮闪闪的。一时之间，宫里的人都沉迷于金苔，司马炎一看，坏了，这样下去迟早会出事，随即下令把池子填了。

石季伦爱婢名翔风，魏末于胡中得之。年始十岁，使房内养之，至十五，无有比其容貌，特以姿态见美。妙别玉声，巧观金色。石氏之富，方比王家[1]，骄侈当世，珍宝奇异，视如瓦砾，积如粪土，皆殊方异国所得，莫有辨识其出处者。乃使翔风别其声色，悉知其处。言西方北方，玉声沉重而性温润，佩服者益人性灵；东方南方，玉声轻洁而性清凉，佩服者利人精神。石氏侍人，美艳者数千人，翔风最以文辞擅爱。石崇尝语之曰："吾百年之后，当指白日，以汝为殉。"答曰："生爱死离，不如无爱，妾得为殉，身其何朽！"于是弥见宠爱。崇常择美容姿相类者十人，装饰衣服大小一等，使忽视不相分别，常侍于侧。使翔风调玉以付工人，为倒龙之佩，萦金为凤冠之钗，言刻玉为倒龙之势，铸金钗象凤皇之冠。结袖绕楹[2]而舞，昼夜相接，谓之"恒舞"。欲有所召，不呼姓名，悉听佩声，视钗色，玉声轻者居前，金色艳者居后，以为行次而进也。使数十人各含异香，行而语笑，则口气从风而扬。又屑沉水之香，如尘末，布象床上，使所爱者践之，无迹者赐以真珠百琲[3]，有迹者节其饮食，令身轻弱。故闺中相戏曰："尔非细骨轻躯，那得百琲真珠？"及翔风年三十，妙年者争嫉之，或者云"胡女不可为群"，竞相排毁。石崇受谮润之言，即退翔风为房老[4]，使主群少，乃怀怨而作五言诗曰："春华谁不美，卒伤秋落时，突烟还自低，鄙退岂所期！桂芳徒自蠹，失爱在娥眉。坐见芳时歇，憔悴空自嗤！"石氏房中并歌此为乐曲，至晋末乃止。

‖注释‖ 1 王家：琅琊王氏家族，东晋的名门望族。"旧时王谢堂前燕，飞入寻常百姓家"中的"王"指的就是王家。 2 楹：旧时堂屋前面的柱子。《说文解字》："楹，柱也。" 3 琲（bèi）：成串的珠子，珠子数量极多。《说文解字》："琲，珠五百枚也。" 4 房老：年长色衰的侍婢，也叫房长。《表异录·亲戚》："婢妾年久而衰退者，谓之'房长'，亦曰'房老'。"

<解说> 石崇，字季伦，父亲石苞是西晋的开国功臣。《晋书·石崇传》记载："武帝以崇功臣子，有干局，深器重之。"石崇因为是官二代，自身也很有能力，就得到了晋武帝的重用。

石崇性情豪爽，有些江湖侠客的影子，但有一点不好，就是劫财。石苞死前说过："我不给这孩子留遗产，他以后会自己赚钱的。"您儿子是有钱了，他的钱怎么来的您能想到吗？《晋书·石崇传》："劫远使商客，致富不赀。"石崇通过打劫商人来取财。而且他打劫打得比较杂，哪儿都要抢一下，所以家里的好多宝物是稀有的。石苞要是知道了，估计坟头要冒烟儿了。

靠着劫商，石崇当上了富豪。石崇家的钱有多少？堪比王谢两个世家大族。"视金钱如粪土"，从字面上理解，这句话完全符合石崇家的情况。

石崇有钱后，先从北胡弄了一个童养媳，起名叫翔风。翔风十五岁的时候，脸基本上长开了，面部结构特别立体，和中原的女子一比，相貌就显得很突出，是个典型的域外美人。

翔风有个绝技，能够辨别出各种玉的声音。西方、北方的玉声比较沉重，玉体比较温和，长久佩戴可以陶冶人的性灵；东方、南方的玉声比较清脆，玉体比较清凉，长久佩戴可以舒缓人的精神。翔风能够在上千个侍女中脱颖而出，因为她除了能辨玉声，还会诗文创作。既好看，又有才，谁见了都会喜欢啊。石崇甚至发誓说："等我死了，我要让你为我殉葬，这样我们就能一直在一起了。"放到现在，可能不太理解这种誓言，这人脑子有问题吧，喜欢人家还让人家陪你死，活着不好吗？但搁在当时，一点也不奇怪，在翔风看来，反而是种荣幸。所以，她也紧跟着说："你要是死了，我还活着干什么，我甘心为你殉葬。"

石崇也是个会玩的人，自己组建了一个模特队。

首先，他精心挑选了十个侍女，长得必须好看；其次，为她们准备了统一服装，大家穿得一模一样；然后，让翔风挑出十种玉，把它们刻成玉佩，再做十只色度不同的金钗，把这些玉佩和金钗分发给十位侍女，走秀的时候呢，玉声最轻、钗色最浅的走在最前面；最后，还要喷上香水。模特队一出动，全城都能闻见香味，百姓就知道石家又有走秀表演了。

《墨子·兼爱》："昔者楚灵王好士细腰，故灵王之臣皆以一饭为节，胁息然后带，扶墙然后起。"楚灵王喜欢臣下拥有瘦长的腰身，作为臣子当然要听话。大家就一起挨饿，每天早上穿衣服的时候，会把腰带束到最紧。

石崇呢，也喜欢瘦子，为了激励侍女减肥，石崇想了这样一个法子：把沉香碾成末撒到床上，侍女们都上床去踩，如果没有留下脚印，说明你够轻，就赏赐珍珠；如果留下了脚印，不好意思，你胖了，今天的饭就别吃了。要钱还是要饭，自己选。

翔风三十岁的时候，有了很多的追求者，其他侍女就趁机在石崇面前诋毁她："大人，她有这么多人追求，肯定在外面招蜂引蝶，行为不检点。"石崇没有原则地信了，派翔风去负责带新人，不让她再抛头露面。翔风也就失宠了，作了一首怨妇诗，大概是说自己青春不再，芳华已逝，无奈只能孤独终老了。

石虎于太极殿前起楼，高四十丈，结珠为帘，垂五色玉佩，风至铿锵，和鸣清雅。盛夏之时，登高楼以望四极，奏金石丝竹之乐，以日继夜。于楼下开马埒[1]射场，周回四百步，皆文石丹沙及彩画于埒旁。聚金玉钱贝之宝，以赏百戏之人。四厢置锦幔，屋柱皆隐起为龙凤百兽之形，雕斫众宝，以饰楹柱，夜往往有光明。集诸羌互于楼上。时亢旱[2]，舂杂宝异香为屑，使数百人于楼上吹散之，名曰"芳尘"。台上有铜龙，腹容数百斛酒，使胡人于楼上嗽酒，风至望之如露，名曰"粘雨台"，用以洒尘。楼上戏笑之声，音震空中。又为四时浴室，用瑜石珷玞[3]为堤岸，或以琥珀为瓶杓。夏则引渠水以为池，池中皆以纱縠为囊，盛百杂香，渍于水中。严冰之时，作铜屈龙数千枚，各重数十斤，烧如火色，投于水中，则池水恒温，名曰"燋龙温池"。引凤文锦步障[4]萦蔽浴所，共宫人宠嬖者解媟服[5]宴戏，弥于日夜，名曰"清嬉浴室"。浴罢，泄水于宫外。水流之所，名"温香渠"。渠外之人，争来汲取，得升合以归，其家人莫不怡悦。至石氏破灭，燋龙犹在邺城，池今夷塞矣。

‖注释‖ 1马埒（liè）：古时练习骑射的场所。《世说新语》："时人多地贵，济好马射，买地作埒。" 2亢旱：长久干旱。 3瑜石珷玞（wǔ fū）：瑜石，黄铜；珷玞，似玉的美石。 4步障：用于遮蔽风沙的帷幕、屏障。在晋代，贵族出行时要用步障将街道的两侧围起来。 5媟（xiè）服：代指不得体、不庄重的衣服。

<解说>公元319年，羯族首领石勒建立后赵政权。石勒死后，亲侄子石虎弑新君篡位，成为后赵的第三位皇帝。

石虎这个人，《晋书·石季龙载记》言其"性残忍，好驰猎，游荡无度"。脾气暴，不好惹，爱游玩。这种性格，确实能干出弑君的事。

石虎当上皇上后，玩起来更是肆无忌惮，先是在大殿前建了一个高楼，高四十丈，装饰得特别奢华。高楼的四周缀有玉佩，风一吹，声音清脆悦耳。柱子上雕有龙凤百兽的形状，还镶嵌了好多宝石，一到晚上，全城就数他家最闪最亮。夏天呢，石虎喜欢在高楼上和朋友聚会，一边有弹曲儿的，有唱戏的，楼下还有马术表演，异常热闹。石虎一高兴，赏！哗啦啦啦，金子就撒下来了。

适逢天下大旱，石虎不管老百姓怎么样，庄稼收成怎么样，只顾着自己玩。石虎把珍宝碾成碎末，在楼上表演“天女散花”；让宾客拿酒漱口，喷出来的酒水远远望去，就像雾气一样，朦朦胧胧的。

除了这座高楼，石虎还建了一个“燋龙温池”，也就是温泉。

浴室的建材用的是琥珀玉石，而且，石虎特别讲究，泡澡的时候不放花瓣，放香囊。花瓣容易粘到身上，不舒服，香囊用起来就比较方便。温泉这东西，自然的最好，没有那就人工制造。石虎想了个好办法，造了一堆小铜龙，既美观又实用。每次泡澡之前，先把小铜龙加热到火红，然后扔进水里，刺……水就热了。洗完之后，温泉水直接流到宫外的渠里。水里有香囊，所以这条渠也叫“温香渠”。百姓呢，争着抢着去打渠里的水，就算只打到一桶水，也是开心的。石氏衰败后，铜龙仍在，温池早已夷为平地。

卷拾

昆仑山

昆仑山有昆陵之地，其高出日月之上。山有九层，每层相去万里。有云色，从下望之，如城阙之象。四面有风，群仙常驾龙乘鹤，游戏其间。四面风者，言东南西北一时俱起也。又有祛尘之风，若衣服尘污者，风至吹之，衣则净如浣濯。甘露蒙蒙似雾，着草木则滴沥如珠。亦有朱露，望之色如丹，着木石赭然，如朱雪洒焉；以瑶器[1]承之，如饴[2]。昆仑山者，西方曰须弥山[3]，对七星之下，出碧海之中。上有九层，第六层有五色玉树，荫翳[4]五百里，夜至水上，其光如烛。第三层有禾穟，一株满车。有瓜如桂，有奈冬生，如碧色，以玉井水洗食之，骨轻柔能腾虚也。第五层有神龟，长一尺九寸，有四翼，万岁则升木而居，亦能言。第九层山形渐小狭，下有芝田蕙圃，皆数百顷，群仙种耨焉。傍有瑶台十二，各广千步，皆五色玉为台基。最下层有流精霄阙，直上四十丈。东有风云雨师阙。南有丹密云，望之如丹色，丹云四垂周密。西有螭潭，多龙螭，皆白色，千岁一蜕其五脏。此潭左侧有五色石，皆云是白螭肠化成此石。有琅玕璆琳[5]之玉，煎可以为脂。北有珍林别出，折枝相扣，音声和韵。九河分流。南有赤陂红波，千劫一竭，千劫水乃更生也。

‖ 注释 ‖ 1 瑶器：瑶，似玉的美石，可泛指美玉。《说文解字》：“瑶，石之美者。”瑶器即美玉制成的器皿。 2 饴：现今所说的麦芽糖或糖浆。 3 须弥山：佛教传说中位于世界中心的山，山上住有四大天王和帝释天。 4 荫翳（yì）：树木的枝叶茂盛。 5 琅玕璆（qiú）琳：均为美玉的名字。《尔雅·释地》：“西北之美者，有昆仑虚之璆琳、琅玕焉。”郭璞注：“璆琳，美玉名。”

＜解说＞ 中国的神话体系，主要有两种，一个是以昆仑为中心的昆仑神话，一个是以蓬莱、方丈、瀛洲仙山为代表的蓬莱神话。昆仑神话的起源是最早的，从《山海经》《楚辞》到《淮南子》，里面记载的神话都属于昆仑这一派系。昆仑神话建立在昆仑山的基础上，在这座山上，生活着众仙，养育着神草奇兽，是一个完整的世界。那么，昆仑山究竟有什么独特之处？

昆仑山有多高？《山海经·海内西经》里称其“高万仞”，按照学者的推算，大概是八万尺，即八千丈，如果按现在的里数来计算，相当于五十多里。

昆仑的内部结构是什么样的？先说山门，“面有九门，门有开明兽镇之”。山上共有九个大门，每个门都有开明兽在守着。《淮南子·地形训》中记载：“增城九重，其高万一千里百一十四步二尺六寸。”总的来说，昆仑山共有九层，每一层都不一样。比如，第三层里有一株即可装满车的嘉禾，有冬天成熟的瓜果，吃了之后可以腾云驾雾；第五层有长着两对翅膀的神龟，会跟人说话；第六层有占地五百里的玉树，晚上可以当路灯使；第九层就比较窄了，因为快到山顶了，里面规划的是群仙的种植园，培育些什么长生花草。昆仑中心有一个铜柱，可以直通天界，《神异经》：“昆仑有铜柱焉，其高入天，所谓天柱也。”上有北斗七星与之相对。昆仑又有十二个瑶台，用五色玉建造的。

昆仑的四方之景如何？东边主要是神仙的住宅区，像风伯、雨师就住在这里；南边有丹密云，火红火红的，还有红泉分流为九，历经千劫会断流一次，歇一段时间又会自己重生；北边有一片林子，里面的叶子可以当乐器使用；西边有螭潭，有角的、没角的龙都住在水潭里，通身纯白色，一千年蜕一次皮，加带五脏六腑的翻新。螭潭左边就是五色玉石的产区，都是螭龙的肝肠所化。

昆仑的风很值得一提，它就像羽山的净火一样，带有超强的去污功能。神仙们为什么总是白衣飘飘，衣服一尘不染的，就是因为昆仑的风。昆仑还特产一种朱露，就是红色的露水，但凡东西被它碰一下，立马染成红色，洗都洗不掉。但它却可以当糖水喝，神仙也难免遇到苦日子，喝杯糖水缓解一下，是个不错的选择。

蓬莱山

蓬莱山亦名防丘，亦名云来，高二万里，广七万里。水浅，有细石如金玉，得之不加陶冶，自然光净，仙者服之。东有郁夷国，时有金雾。诸仙说此上常浮转低昂，有如山上架楼，室常向明以开户牖[1]，及雾灭歇，户皆向北。其西有含明之国，缀鸟毛以为衣，承露而饮，终天登高取水，亦以金、银、仓环、水精、火藻[2]为阶。有冰水、沸水，饮者千岁。有大螺名裸步，负其壳露行，冷则复入其壳；生卵着石则软，取之则坚，明王出世，则浮于海际焉。有葭，红色，可编为席，温柔如罽毳[3]焉。有鸟名鸿鹅，色似鸿，形如秃鹙，腹内无肠，羽翮附骨而生，无皮肉也。雄雌相眄[4]则生产。

南有鸟，名鸳鸯，形似雁，徘徊云间，栖息高岫[5]，足不践地，生于石穴中，万岁一交则生雏，千岁衔毛学飞，以千万为群，推其毛长者高翥万里。圣君之世，来入国郊。有浮筠之簳[6]，叶青茎紫，子大如珠，有青鸾集其上。下有沙砺，细如粉，柔风至，叶条翻起，拂细沙如云雾。仙者来观而戏焉，风吹竹叶，声如钟磬之音。

‖注释‖ 1 户牖（yǒu）：双扇为门，单扇为户。在墙为牖，在屋为窗。古时的院落主要分为门、庭、堂、室，堂与室之间的窗户叫牖，位于屋顶的窗户才叫窗。 2 火藻：即火龙藻，艳红色的无根水草，生长繁殖特别快。 3 罽毳（jì cuì）：毳，专指野兽的皮毛。罽毳，指以野兽皮毛为原材料所制的丝织品。 4 相眄（miǎn）：对视。 5 岫（xiù）：山洞、山穴。《尔雅·释山》："山有穴曰岫。" 6 簳（gǎn）：小竹子。浮筠之簳，指其色似玉的小竹子。

＜解说＞ 东海仙山的传说，《列子》中有最早记载。

《列子·汤问》："渤海之东不知几亿万里，有大壑焉，实惟无底之谷，其下无底，名曰归墟。"渤海之地，有一个沟壑，名叫归墟。天下的江河湖泊都汇集到归墟，水量只增不减。归墟里漂着有五座仙山，"一曰岱舆，二曰员峤，三曰方壶，四曰瀛洲，五曰蓬莱"。

仙山上住着仙人，吃了山里的果实可以长生不老。五座仙山是独立的个体，在水面上飘忽不定，随波而动。这样下去的话，早晚有一天，仙山就不见了，这也是天帝忧心的事。于是，天帝"使巨鳌（áo）十五举首而戴之"，让大鳌在水里托住，这才稳住了仙山。

但总会有意外发生，龙伯国人钓鱼的时候，把主管岱舆和员峤的大鳌钓走了，纯粹是无意之举。固定的东西没了，两座山一路漂到北极，沉入大海。五座仙山就剩三个了。

关于蓬莱山，《海内十洲记》曰："蓬丘，蓬莱山是也。对东海之东北岸，周回五千里。"蓬莱山，也叫蓬丘、防丘、云来。它位于东海的东北，方圆有五千里，传说到了《拾遗记》中已经上万里了，四周环海。"无风而洪波百丈，不可得往来"，波涛汹涌，凡人很难靠近，只有飞仙来去自如。

蓬莱山的东边有郁夷国，就是产神胶的那个国家。郁夷国常常出现金色的迷雾，妨碍大家的视线，好久得不到解决。仙人看了看，发现郁夷国的土地是灵活的，可以自由翻转，就给支了个招：有雾气的时候，你们就朝着向阳的地方开窗，等雾散了，你们再翻回原来的位置。这样，问题就解决了。

蓬莱山的西边有含明国，国人穿的衣服是鸟毛做成的，路上的台阶是金银、水晶建成的。含明国的饮用水有两种，冰水和沸水，喝之前要先兑好，喝了之后可以长寿。这个国家的标志性动物是大螺和鸿鹅。大螺，也叫"裸步"，只有圣君在世才会出现，说白了，其实就是海螺，没什么独特的；鸿鹅，长得跟秃鹫一样，头上没有毛儿，肚里没有肠儿，身上还没有肉，羽毛直接长在骨头上。

蓬莱山的南边也有一个国家，至于叫什么，尚无从考订，暂且叫它无名国。

无名国的国鸟是鸳鸯，一万年才会有新生的鸳鸯，一千年新生鸟才能学会飞行。它们喜欢成群结队出行，打头的一定要是前辈。哪里有明君出世，它们就会飞到哪里。

无名国的代表植被是浮筠竹，竹干是中毒的紫色，青鸾偶尔会聚集在这里。种植浮筠竹所用的土壤是细沙，风一吹，整个林子满是迷雾。像一般人，假使遇到这种情况，第一反应应该是快跑吧，沙子进了眼睛可要难受半天。仙人就不一样，他们不怕风沙，反而享受其中。

方丈山

方丈之山，一名峦雉。东有龙场，地方千里，玉瑶为林，云色皆紫。有龙，皮骨如山阜，散百顷，遇其蜕骨之时，如生龙。或云："龙常斗此处，膏血如水流。膏色黑者，着草木及诸物如淳漆也。膏色紫光，着地凝坚，可为宝器。"燕昭王二年，海人乘霞舟，以雕壶盛数斗膏，以献昭王。王坐通云之台，亦曰通霞台[1]，以龙膏为灯，光耀百里，烟色丹紫，国人望之，咸言瑞光，世人遥拜之。灯以火浣布为缠。山西有照石，去石十里，视人物之影如镜焉。碎石片片，皆能照人，而质方一丈，则重一两。昭王舂此石为泥，泥通霞之台，与西王母常游居此台上。常有众鸾凤鼓舞，如琴瑟和鸣，神光照耀，如日月之出。台左右种恒春之树，叶如莲花，芬芳如桂，花随四时之色。昭王之末，仙人贡焉，列国咸贺。王曰："寡人得恒春矣，何忧太清[2]不至。"恒春一名"沉生"，如今之沉香也。有草名濡蓤，叶色如绀，茎色如漆，细软可萦，海人织以为席荐，卷之不盈一手，舒之则列坐方国之宾。莎萝为经。莎萝草细大如发，一茎百寻，柔软香滑，群仙以为龙、鹄之辔[3]。有池方百里，水浅可涉，泥色若金而味辛，以泥为器，可作舟矣。百炼可为金，色青，照鬼魅犹如石镜，魑魅不能藏形矣。

‖注释‖ 1通霞台：也叫通云台、通云堂，战国燕昭王所建。 2太清：道家的三清之一。三清，指玉清、上清、太清三境界，《抱朴子·杂应》："上升四十里，名为太清，太清之中，其气甚刚，能胜人也。"登上太清之境，便可成仙。 3辔（pèi）：牲口头部所戴的缰绳，便于人控制牲口。

<解说> 《海内十洲记》记载：方丈山在东海的正中心，与东南西北四岸等距，"上专是群龙所聚，有金玉琉璃之宫"。有些仙人不想上天做官，就住到方丈山上养老，据说这里的仙家都上万了。平时呢，仙人就浇浇花、除除草，培育一些灵芝仙草，过节的时候，你送我这个，我送你那个，顺带探讨一下新的培育方法。

方丈山的东边有个龙场，占地千里。

群龙经常在龙场约架，每次都有流血事件发生，弄得龙场里到处都是龙的尸骨，龙血、龙油流个满地。龙油的价值很高，用处也很多。黑色的龙油碰到草木后，草木通身变黑；紫色的龙油掉到地上后，可以幻化为一件宝物。燕昭王在世时，把龙油当灯油使，灯芯用的是火浣布。高配置的油灯能够照亮百里之地。百姓们不懂，只看见宫里有东西在发光，从来没有灭过，以为是天降祥瑞。

方丈山的西边有一面巨大的镜子，从角上掰下来一块，可以当随身镜用，既小巧又轻便。燕昭王把这块大镜子凿成小碎片，用来装饰通霞台。不管是白天还是黑夜，通霞台都金光闪闪的。西王母当时来见燕昭王的时候，燕昭王就是在通霞台上为她接风的。

通霞台的两边长有恒春树，叶子长得像莲花，花色会随四季变化，散发出桂花才有的香气。燕昭王看着恒春树，感慨："我现在有各种宝物，连恒春树都有了，成仙是迟早的事。"

濡荄，方丈山才有的植物，是一种香草，和莎萝草编织在一起，用来当席子、坐垫、靠垫使。莎萝草有什么优势呢？

首先它够长，编织席子肯定要用细长的草，不然上面全是打的结，影响美观；其次它有韧性，弹性特别好，不会一拽就断；最后一点，它会散发香气，坐在上面身心舒畅。濡荄席携带极其方便，卷起来小到可以包在手里，展开大到可以坐得下各国来宾。众仙家的家里，用的都是这种席子。

方丈山中有一个池子，池子里面的水是什么样的不重要，重要的是下面的泥。泥的颜色偏金色，据尝过的神仙说，有点辣。金泥可以做成任何东西，造船都行。金泥经过多次炼造加工，可以变成真金子，就是有点发青，成色不太好。此外，金泥还有驱魔辟邪的功效，是居家旅行的必备佳品。

瀛洲

瀛洲一名魂洲，亦曰环洲。东有渊洞，有鱼长千丈，色斑，鼻端有角，时鼓舞群戏。远望水间有五色云；就视，乃此鱼喷水为云，如庆云之丽，无以加也。有树名影木，日中视之如列星，万岁一实，实如瓜，青皮黑瓤，食之骨轻。上如华盖，群仙以避风雨。有金峦之观，饰以众环，直上干云。中有青瑶几，覆以云纨之素，刻碧玉为倒龙之状，悬火精为日，刻黑玉为乌，以水精为月，青瑶为蟾兔。于地下为机棙[1]，以测昏明，不亏弦望[2]。时时有香风泠然而至，张袖受之，则历年不歇。有兽名嗅石，其状如麒麟，不食生卉，不饮浊水，嗅石则知有金玉，吹石则开，金沙宝璞，粲然而可用。有草名芸苗，状如菖蒲，食叶则醉，饵根则醒。有鸟如凤，身绀翼丹，名曰"藏珠"，每鸣翔而吐珠累斛[3]。仙人常以其珠饰仙裳，盖轻而耀于日月也。

‖注释‖ 1 机棙（lì）：可以运行转动的机器。 2 弦望：《鹖冠子·天则》，"弦望晦朔，终始相巡。"弦，农历每月的初七、初八和二十二、二十三；望，农历每月十五；晦，农历每月的最后一天；朔，农历每月的第一天。 3 斛（hú）：古代的量器，也可作容量单位。《说文解字》："斛，十斗也。"唐代之前，一斛为一石（dàn），一石为十斗。宋代以来，一斛为半石，即五斗。明代《正字通》："斛，今制五斗曰斛，十斗曰石。"

<解说> 李白作诗："海客谈瀛洲，烟涛微茫信难求。"瀛洲，处在渺茫的烟波之中，难以寻觅。瀛洲能成为海客谈论的热点，就在于里面有神乎其神的宝物。

里面的神奇动物：一是千丈鱼，身上带斑，鼻上长角，主要负责水上表演。它喷出水雾，远远望去，天空都是彩色的，可以和五色祥云相媲美。二是神兽嗅嗅，吃得特别讲究，生的不吃，脏的不喝。但人家讲究有讲究的资本，嗅嗅是活的金玉探测仪，只要闻一闻，就能知道这个地方有没有金石白玉。有的话，嗅嗅一吹，宝贝就显现出来了。三是藏珠鸟，它一叫就掉珍珠。仙人们顺手一捡，往衣服上一挂，那光彩可与日月争辉。

神奇动物介绍完了，再来看看珍贵植物。

瀛洲长了一种影木，树上跟一直挂着星星一样，白天都亮到刺眼。影木一万年结一次果，青皮黑瓤，吃了就能飞天。影木的叶子特别茂密，像一个巨大的伞，是众仙临时避雨的场所。还有芸苗，它真的特别神奇，吃一口叶子，立马就醉了，不管酒量有多大；嚼一下根茎，瞬间又清醒了，头不疼，眼不晕，醒酒汤都给省了。

瀛洲的标志性建筑，是金峦观，高耸入云。

金峦观的装饰很高雅，一进门，映入眼帘的是正中央的青玉案几，上面刻有龙凤飞舞的形状；抬起头往上看，屋顶坠了好多小挂件，像火精做的太阳，黑玉做的三足乌，水精做的月亮，以及青玉做的蟾蜍和兔子。

为什么要挂蟾蜍、兔子这些，而不挂其他可爱的小动物呢？

这就和日月神话相关了。《淮南子·精神训》："日中有踆乌，而月中有蟾蜍。"中国先民对于一些自然现象，无法做出科学的解释，完全依靠自己的想象来认识事物。传说太阳和月亮中存在动物，就是典型的例子。人类在地面上观察日月，日月中也有海洋和陆地之分，这样一来，就有了明暗对比。先民在看到这种现象的时候，会进行主观联想，黑的地方像什么，亮的地方像什么。如此一来，三足乌和蟾兔就与日月神话联系在了一起。

员峤山

员峤山，一名环丘。上有方湖，周回千里。多大鹊，高一丈，衔不周之粟。粟穗高三丈，粒皎如玉。鹊衔粟飞于中国，故世俗间往往有之。其粟，食之历月不饥。故《吕氏春秋》云："粟之美者，有不周之粟焉。"[1]东有云石，广五百里，駮骆[2]如锦，扣之片片，则蓊然云出。有木名猗桑，煎椹以为蜜。有冰蚕长七寸，黑色，有角有麟，以霜雪覆之，然后作茧，长一尺，其色五彩，织为文锦，入水不濡，以之投火，经宿不燎。唐尧之世，海人献之，尧以为黼黻[3]。西有星池千里，池中有神龟，八足六眼，背负七星、日、月、八方之图，腹有五岳、四渎之象。时出石上，望之煌煌[4]如列星矣。有草名芸蓬，色白如雪，一枝二丈，夜视有白光，可以为杖。南有移池国，人长三尺，寿万岁，以茅为衣服，皆长裾大袖，因风以升烟霞，若鸟用羽毛也。人皆双瞳，修眉长耳，餐九天之正气，死而复生，于亿劫之内，见五岳再成尘。扶桑万岁一枯，其人视之如旦暮也。北有浣肠之国，甜水绕之，味甜如蜜，而水强流迅急，千钧投之，久久乃没。其国人常行于水上，逍遥于绝岳之岭，度天下广狭，绕八柱[5]为一息，经四轴而暂寝，拾尘吐雾，以算历劫之数；而成阜丘，亦不尽也。

‖注释‖ 1《吕氏春秋·本味》："饭之美者，玄山之禾，不周之粟。" 2 駮骆：亦作驳骆，指各种文采交杂的样子。 3 黼黻（fǔ fú）：一指古代礼服。《汉纪·武帝纪六》："天子负黼黻，袭翠被。"二指礼服上所绣的花纹。《晏子春秋·谏下十五》："公衣黼黻之衣，素绣之裳，一衣而五采具焉。" 4 煌煌：光辉闪耀。 5 八柱：传说中支撑天地的八座大山。《淮南子·地形训》中有详细记载。

＜解说＞ 员峤的山顶有一个大湖泊，经常有大鹊衔着不周粟从湖上飞过。不周粟是粟中的王者，粟粒像玉一样洁白，吃了可以好几个月不用挨饿。大鹊衔着不周粟到中原的地界上晃荡，种子掉落到地上，民间就有了吃不尽的粮食。

有一种石头，轻轻戳一下，能生出彩色的云朵。哪里有呢？就在员峤山的东边。能酿蜜的桑树，长有犄角的冰蚕，都在东边扎堆了。这儿的冰蚕是黑皮肤，不仅有角，还有鳞片。冰蚕做茧的时候，有个毛病，非要把自己埋到雪里才能认真工作，所以才有了冰蚕的名字。冰蚕丝五颜六色的，入水不湿，遇火不化，看着好看，用着更舒心。唐尧当部落首领的时候，有人进献了冰蚕丝，尧就用它在礼服上绣成各种形象，比如斧头、龙凤、日月。

员峤山的西边是星池，池里生活着一只神龟，价值不可估量。

它长着六只眼、八条腿。这还不是最神奇的，重点是龟身上密密麻麻全是画，拿个放大镜一看，竟然是日月星辰、四渎五岳的图形。《尔雅·释山》："泰山为东岳，华山为西岳，霍山为南岳，恒山为北岳，嵩高为中岳。"霍山就是衡山。四渎是什么呢？《尔雅·释水》："江、河、淮、济。"即长江、黄河、淮河、济水。

除了神龟，西边也有一块神石，但和东边的云石完全不是一个风格。西边的神石会自己放光，凭自己的实力引起别人的注意。到了晚上，尤其是下雨的晚上，神石的光只会更亮。如果把石头扔进火里，烧一烧，冒出的青烟直上云霄，天上的云都会变成香香的。此外，还有神草一株，名为芸蓬，是个带有荧光技能的植物，用它做成拐杖，孩子们再也不用担心老人走夜路了。

山南和山北是两个国家，移池国和浣肠国。

移池国的百姓身高三尺，拥有长寿之躯和双瞳之目，眉毛长长的，耳朵长长的。可不是兔子毛茸茸的长耳朵，移池国人的耳朵是往下垂着长的。他们不食五谷，整天靠吸收天地的灵气续命，死了又活，活了又死，这样次次轮回，让他们看尽了世间沧海桑田的变化，山川的形成在他们眼里只是一瞬。夸张地说，神木扶桑一万年重生一次，但对移池国人而言就跟过了一天一样，眼睛一闭一睁，一万年过去了。因此，他们所谓的时间空间观念，跟俗世根本没有可比性。

移池国人喜欢发明创造，制造了一种大袖衣。有了这件衣服，呼扇呼扇袖子，“扶摇直上九万里”不是问题。

再说这北边的浣肠国人，会轻功水上漂，是兢兢业业的地理工作者、地质学家，很有责任感和使命感。不管天气有多恶劣，他们坚持在地表进行勘测工作，把八柱测量一波才可能有一盏茶的休息时间。

八柱是什么概念？《淮南子·地形训》：“东北方曰方土之山，曰苍门；东方曰东极之山，曰开明之门；东南方曰波母之山，曰阳门；南方曰南极之山，曰暑门；西南方曰编驹之山，曰白门；西方曰西极之山，曰阊阖之门；西北方曰不周之山，曰幽都之门；北方曰北极之山，曰寒门。”其实，八柱就是传说中支撑天地的八座大山，共工和颛顼争帝，战败后怒触的不周山就是其一。

浣肠国的外面，被一条河水环绕着，里面的水甜甜的。河水湍急，到处都是漩涡。一块千斤重的石头入水，先要在水面转半天，才能沉下去。

岱舆山

岱舆山，一名浮析，东有员渊千里，常沸腾，以金石投之，则烂如土矣。孟冬[1]水涸，中有黄烟从地出，起数丈，烟色万变。山人掘之，入地数尺，得燋石如炭灭，有碎火，以蒸烛投之，则然而青色，深掘则火转盛。有草名莽煌，叶圆如荷，去之十步，炙人衣则燋，刈[2]之为席，方冬弥温，以枝相摩，则火出矣。南有平沙千里，色如金，若粉屑，靡靡常流，鸟兽行则没足。风吹沙起若雾，亦名金雾，亦曰金尘。沙着树粲然，如黄金涂矣。和之以泥，涂仙宫，则晃昱[3]明粲也。西有舄玉山，其石五色而轻，或似履舄之状，光泽可爱，有类人工。其黑色者为胜，众仙所用焉。北有玉梁千丈，驾玄流之上，紫苔覆漫，味甘而柔滑，食者千岁不饥。玉梁之侧，有斑斓自然云霞龙凤之状。梁去玄流千余丈，云气生其下。傍有丹桂、紫桂、白桂，皆直上千寻，可为舟航，谓之"文桂之舟"。亦有沙棠、豫章之木，长千寻，细枝为舟，犹长十丈。有七色芝生梁下，其色青，光辉耀，谓之"苍芝"。荧火[4]大如蜂，声如雀，八翅六足。梁有五色蝙蝠，黄者无肠，倒飞，腹向天；白者脑重，头垂自挂；黑者如乌，至千岁形变如小燕；青者毫毛长二寸，色如翠；赤者止于石穴，穴上入天，视日出入恒在其上。有兽名嗽月，形似豹，饮金泉之液，食银石之髓。此兽夜喷白气，其光如月，可照数十亩。轩辕之世获焉。有遥香草，其花如丹，光耀入月，叶细长而白，如忘忧之草，其花叶俱香，扇馥数里，故名遥香草。其子如薏[5]中实，甘香，食之累月不饥渴，体如草之香，久食延龄万岁。仙人常采食之。

‖注释‖ 1孟冬：冬季的第一个月，即农历十月。古人将冬季分为三个月，分别为孟冬、仲冬、季冬。 2刈（yì）：割草。 3晃昱：光彩明亮。 4荧火：即萤火虫。《尔雅·释虫》："荧火即炤。"郭璞注："夜飞，腹下有火虫也。" 5薏：薏苡，草本植物，种子可以食用，且具有药用价值。

<解说> 员渊，岱舆山东边的一个深渊，自它诞生开始，每年一到四月，渊中液体就变得比较敏感，狂躁地沸腾。员渊里的液体热到可以化金石为土灰。

进入初冬，员渊干涸，各种颜色的烟从地表冒出。这烟就像是一种信号，山里的人拿着铲铲，哪里有烟挖哪里，挖到最后就能得到燋石，石头里面还有小火苗在燃烧。燋石可以当木炭使，用小火在外面引一下，很容易就着了。

员渊地表地下温度都这么高，所以旁边生长出来的草，也属于火系植物。莽煌草，有勇气长在员渊的第一草。莽煌草的火系技能超强的，十步之远，能把衣服烧个破烂。奇怪的是，书中记载它可以当电热毯使，不用插电，自己发热。那和前面所说不就矛盾了吗？只有一种可能，编织莽煌草，是只有仙人才能做的工作。

岱舆山上，不管走到哪里都是金闪闪的，树上，房上，墙上，地上，天上都是如此。这都得益于南边的金沙区。

金沙区，也叫流沙区，别说是人了，连鸟兽都不敢进，一进去就回不来了。风一吹，金沙落得满山都是。树木跟穿了金缕衣一样，房子跟刷了金油漆一样。所以，金沙弄得整个岱舆透露出暴发户的气质。

岱舆山的西边，是舄玉山。舄，《广雅》解释为"履也"，《古今注》："以木置履下，干腊不畏泥湿也。"就是厚底的木鞋，一般是王公大臣才能穿的。舄以不同颜色，用于不同场合，搭配不同身份的人。舄玉山，就是因为山上的石头长得像鞋子，才得了这个名字。石头轻轻的、滑滑的，手感特别好，其中以黑石为上等。

相比来说，北边的自然环境好，动植物多。单桂树就有三种：丹桂、紫桂、白桂，高度不用说，仙山上没有矮子树。用这个桂树可以造船，名字就叫“文桂舟”。《山海经·西山经》记载了一种植物，“其状如棠，黄华赤实，其味如李而无核，名曰沙棠；可以御水，食之使人不溺”。沙棠，岱舆山的北边就有，吃了就能学会御水之术。《吕氏春秋·本味》中也提及：“果之美者，沙棠之实。”在水果界，它的味道也是数一数二的。

山上的灵芝有七个品种，颜色不同，功效就有差异。青灵芝是最上等的。此外，北边还特产遥香草，花朵和叶子香香的，数里之内都可以闻到。比香气更厉害的，是遥香草的果实，也是仙人的零嘴。果实长得比较像薏苡，吃了可以改变身体构造，身上自带遥香草的香气，吃多了活个一万年不在话下。

北边主要生活着两种动物，嗽月兽和变异版的萤火虫。

嗽月兽长得像豹子，吃的喝的都是重金属，像金泉、银石，吃起来一点都不费劲。到了晚上，可能是天气冷，或者跑了一天累了，嗽月兽老喜欢哈气，哈出来的气还带光。远远望过去，就像豹子嘴里叼了个手电筒一样。

萤火虫见过吧，发着绿光飞来飞去的小家伙。但有人听说过长了六条腿、四对翅膀的萤火虫吗？岱舆山就有，还会叫呢，叫起来跟麻雀一样，叽叽喳喳。

岱舆山的北边，还有一个重要建筑——白玉梁。梁下是玄流，云气缭绕，里面的紫苔特别好吃；两边刻有祥云、龙凤的图案；梁上是蝙蝠的住宅区。这里的蝙蝠有五大家族，每个家族都有代表色。第一家是黄家，代表色黄色，族蝠没有肠子，飞的时候背朝下，脸朝后。第二家是白家，代表色白色，族蝠头大，飞的时候头朝下。第三家是黑家，代表色黑色，有幸活到一千岁的族蝠，可以化身为燕子。第四家青家，代表色青色，特征是毛长。第五家是红家，代表色红色，性格多愁善感，喜欢在山洞里看太阳东升西落，感伤时间流逝。

昆吾山

昆吾山，其下多赤金，色如火。昔黄帝伐蚩尤，陈兵于此地，掘深百丈，犹未及泉，惟见火光如星。地中多丹，炼石为铜，铜色青而利。泉色赤。山草木皆劲利，土亦刚而精。至越王勾践，使工人以白马白牛祠昆吾之神，采金铸之，以成八剑之精：一名掩日，以之指日，则光昼暗。金阴也，阴盛则阳灭。二名断水，以之划水，开即不合。三名转魄，以之指月，蟾兔为之倒转。四名悬翦，飞鸟游过触其刃，如斩截焉。五名惊鲵，以之泛海，鲸鲵为之深入。六曰灭魂，挟之夜行，不逢魑魅。七名却邪，有妖魅者，见之则伏。八名真刚，以切玉断金，如削土木矣。以应八方之气铸之也。其山有兽，大如兔，毛色如金，食土下之丹石，深穴地以为窟；亦食铜铁，胆肾皆如铁。其雌者色白如银。昔吴国武库之中，兵刃铁器，俱被食尽，而封署依然。王令检其库穴，猎得双兔，一白一黄，杀之，开其腹，而有铁胆肾，方知兵刃之铁为兔所食。王乃召其剑工，令铸其胆肾以为剑，一雌一雄，号“干将”者雄，号“镆邪”[1]者雌。其剑可以切玉断犀，王深宝之，遂霸其国。后以石匣埋藏。及晋之中兴，夜有紫色冲斗牛。张华使雷焕为丰城县令，掘而得之。华与焕各宝其一。拭以华阴之土，光耀射人。后华遇害，失剑所在。焕子佩其一剑，过延平津[2]，剑鸣飞入水。及入水寻之，但见双龙缠屈于潭下，目光如电，遂不敢前取矣。

‖注释‖ 1镆邪：即莫邪，吴国的铸剑师，与丈夫干将同为吴国的铸剑师。二人所铸之剑，以其名命名，为干将剑与莫邪剑。 2延平津：现今福建省南平市以东。因雷焕之子在此地丢失了宝剑，延平津又有“剑津”之名。

<解说> 昆吾山上多铜矿，你家采来我家采。

赤铜作为昆吾山的特产，是有文献依据的。《山海经·中山经》：“昆吾之山，其上多赤铜。”《海内十洲记》：“流洲在西海中，多积石，名为昆吾，冶其石为铁，作剑，光明洞照，如水晶状，削玉物如割泥。”昆吾山的赤铜炼出来的剑，削铁如泥，长期以来都是铸剑的首选材料。

最先发现昆吾赤铜的，是黄帝。

黄帝当年大战蚩尤，营地就驻扎在昆吾山上。军队需要水源，就在附近找了个地儿，准备打井。后勤人员打井打到一半，水没有看到，却被金光、火星闪到了眼。经过仔细勘测，黄帝部队发现这座山全是宝，不仅花草树木长得茂密又坚固，而且用山上的石头炼成的铜，硬度特别大，不是一般青铜可以比的。

最先想到用赤铜铸剑的，是越王勾践。

勾践知道昆吾山的传说，老早就打好了算盘。勾践带着开采大队，千里迢迢来到昆吾山，第一步就是祭祀昆吾神。祭祀用的牺牲，是极罕见的白马和白牛。送完礼，表露自己的心意后，开采大队就开工了。勾践用昆吾的赤铜炼造了八把宝剑。为什么偏偏是八呢，因为八这个数字吉利？

其实不是的，古人在运用数字方面，都会追求与自然天地相合。这个八对应的就是八方之气，即东、南、西、北、东北、东南、西北、西南。

这八把宝剑，各有所长。

掩日剑，指向太阳，可以让天地变暗；断水剑，在河水中划一下，就跟在衣服上拉了一条口子一样，再也合不上；转魄剑，指向月亮，月中的蟾蜍和兔子会跟着剑旋转；悬翦剑，飞鸟的羽毛一旦碰上剑刃，立马成碎片；惊鲵剑，带着它在海上前行，惊鲵会乖乖沉入海底，不会出来捣乱；灭魂剑，能够斩杀魑魅魍魉，因此鬼怪不敢靠近；却邪剑，能够让妖魔鬼怪俯首帖耳；真刚剑，用它切玉断金，跟切菜一样。

越国拥有了宝剑，作为死对头，吴国也铸了宝剑，不然怎么与之抗衡。

吴国的铸剑，要从昆吾山的兔兽说起。

雄兔兽长着金色的皮毛，雌兔兽则是银白色的。它们不吃草，不吃肉，只吃铜铁，所以身体的各个器官都跟钢铁一样坚硬。一天，雌雄双兔选定了今晚去吴国的兵器库里吃饭，咔咔咔，凡是带铁的都被吃光了，一个没落。吴王阖闾发现后，就下令各处搜查，竟然把两个小倒霉鬼抓住了。因为这个偶然事件，阖闾知道了兔兽钢铁器官的奥秘，决定用它们来铸剑。造出来了两把宝剑，雄剑叫干将，雌剑叫莫邪。

关于干将莫邪的铸造，《吴越春秋》和《吴地记》中有不同的记载。

《吴越春秋·阖闾内传》："使剑匠作为二枚：一曰干将，二曰莫邪。莫邪，干将之妻也。"干将铸剑的时候，莫邪把自己的头发指甲丢进了熔炉里。最后夫妻俩各造了一把剑，以他们的名字命名。

《吴地记》的版本则是说莫邪自己跳进了熔炉，才促成了两把名剑的铸造。版本不同，归根结底都是对同一件事情的神异化改写。吴王阖闾凭借着绝世名剑，称霸天下。

到了西晋张华之世，夜里有一团紫气直冲天上的斗牛星宿。张华觉得这件事肯定有问题，就让雷焕去查查怎么回事，竟然把干将、莫邪两把宝剑挖出来了。这古物可了不得，一定要好好珍藏，张华和雷焕就一人保管一个。

公元300年，永康元年，司马伦等人"害之于前殿马道南，夷三族"（《晋书·张华列传》）。张华因政变被杀害，宝剑也遗失了。雷焕的宝剑传到了儿子手里。一次，宝剑跟随主人路过延平津的时候，突然自己出鞘，嗖的一声飞进了水里。

至于后续的故事，《晋书·张华列传》记载："使人没水取之，不见剑。"宝剑就此消失。而《拾遗记》的记载则更添趣味，两把宝剑相见后化身为龙，生生世世死守在湖底。

洞庭山

洞庭山浮于水上，其下有金堂数百间，玉女[1]居之。四时闻金石丝竹之声，彻于山顶。楚怀王之时，举群才赋诗于水湄，故云潇湘洞庭之乐，听者令人难老，虽《咸池》[2]《九韶》[3]，不得比焉。每四仲之节[4]，王常绕山以游宴，各举四仲之气以为乐章。仲春律中夹钟，乃作轻风流水之诗，宴于山南；律中蕤宾[5]，乃作皓露秋霜之曲。后怀王好进奸雄，群贤逃越。屈原以忠见斥，隐于沅湘，披蓁茹草，混同禽兽，不交世务，采柏实以合桂膏，用养心神；被王逼逐，乃赴清泠之水。楚人思慕，谓之水仙。其神游于天河，精灵时降湘浦。楚人为之立祠，汉末犹在。其山又有灵洞，入中常如有烛于前。中有异香芬馥，泉石明朗。采药石之人入中，如行十里，迥然天清霞耀，花芳柳暗，丹楼琼宇，宫观异常。乃见众女，霓裳冰颜，艳质与世人殊别。来邀采药之人，饮以琼浆金液，延入璇室，奏以箫管丝桐。饯令还家，赠之丹醴之诀[6]。虽怀慕恋，且思其子息，却还洞穴，还若灯烛导前，便绝饥渴，而达旧乡。已见邑里人户，各非故乡邻，唯寻得九代孙。问之，云："远祖入洞庭山采药不还，今经三百年也。"其人说于邻里，亦失所之。

‖注释‖ 1 玉女：唐尧的两个女儿，娥皇和女英，后为虞舜之妃。 2《咸池》：《礼记》郑玄注，“《咸池》，黄帝所作乐名也。” 3《九韶》：《竹书纪年》记载，帝舜即位时，“作《九韶》之乐”。 4 四仲之节：每年的仲春、仲夏、仲秋、仲冬，分别对应农历的二月、五月、八月和十一月。 5 蕤（ruí）宾：古人将乐律与历法相配，十二律与十二月相对应。十二律中阴阳各六，奇数称为六律，偶数称为六吕。六律之中第四律为蕤宾，位于午，对应农历的五月。 6 丹醴（lǐ）之诀：丹醴，指仙酒。《云笈七签》：“嘉肴千种，丹醴湛溢。”丹醴之诀，即酿制仙酒的方法。

＜解说＞ 洞庭山，位于江苏省苏州市的西南边，是太湖上的一个小岛，由东、西两部分构成。《山海经·中山经》：“洞庭之山……帝之二女居之。”帝指的是唐尧，居住在洞庭山的玉女就是尧的女儿，虞舜的两位妃子，娥皇和女英。

洞庭山上一年四季都能听到钟磬之声，但从来没有人找到过，仿佛是自然赐予的。黄帝时期的《咸池》和虞舜的《九韶》，与洞庭山的天然之音相比，都稍显逊色。

据说，听了潇湘的天然之音，可以让人返老还童，楚怀王就把洞庭山选定为游玩的绝佳圣地。每年仲春、仲夏、仲秋、仲冬作为假期，楚怀王率领群臣来洞庭山组织团建活动，分别对应农历的二月、五月、八月和十一月。

团建活动的内容有哪些呢？作诗、作词、作曲，听着自然之声进行文学和音乐创作。国家的文化艺术事业，得到了很快的发展。

可惜，好景不长。《史记·屈原贾生列传》：“屈平疾王听之不聪也，谗谄之蔽明也，邪曲之害公也，方正之不容也。” 在屈原看来，自己是全国唯一的忠臣，当年和自己发誓共建美好国家的楚怀王已经变了，没有人愿意为楚国的未来而努力。雪上加霜，屈原还被流放了，最后在洞庭之地生活。本来打算不问世事，就这么安静地度过余生，可宫里的人不答应，逼得屈原投身汨罗江。屈原死后，百姓供奉他为水中之仙，建立祠堂祭拜他。汉代的贾谊，专门写了一篇《吊屈原赋》，来缅怀诗人屈原。

洞庭山中，有一个灵洞，四季飘荡着香气。它灵在哪里呢？如果有人进入山洞，烛火会自动点燃，为来人引路。

关于灵洞，有一则奇异的故事，情节跟《桃花源记》很相似。

一天，有一个采药人，无意中进入了灵洞，跟着烛火走了十几里。忽然前方视野大开，采药人进入了新世界。《桃花源记》对新世界的描述是“土地平旷，屋舍俨然，有良田美池桑竹之属”。完全是一个理想的农耕社会。灵洞后的新世界和它不一样，无论是建筑，还是美景，整体属于奢华风。里面的人呢，都是绝世美女，不像《桃花源记》的百姓那么朴实。按照剧情正常走势，采药人被隆重邀请到屋内做客，美人、美食、美酒，和《桃花源记》相比，诱惑大得多。

临走的时候，采药人收到了美人赠送的美酒。虽然恋恋不舍，但仔细一想，家里上有老下有小，还等着自己回家养活他们呢，责任感瞬间爆棚，毅然决然地离开了。

回到家后，采药人发现家里住着陌生人，以为家里被强占了，问了之后才知道，这个人竟然是自己的第九代孙子。

采药人也是一脸蒙，我不就是出去逛了会儿，喝了点儿酒吗？怎么回来我连孙子都有了，还第九代，那我现在是人还是鬼啊？孩子见来人不说话，就解释：“我家祖上三百年前去洞庭山采药，再也没有回来过。”采药人听完，怅然若失，浑浑噩噩地离开了家乡，没有人知道他去了哪里。可能的话，幸运的话，也许他能再次回到灵洞后的新世界。